Un monde meilleur est possible !

ALAIN LEVAVASSEUR

Un monde meilleur est possible !

En application de l'art. L.137-2.-I. du code de la propriété intellectuelle, toute reproduction et/ou divulgation de parties de l'œuvre dépassant le volume prévu par la loi est expressément interdite.

© Alain Levavasseur, 2025

Édition : BoD · Books on Demand, 31 avenue Saint-Rémy, 57600 Forbach, bod@bod.fr
Impression : Libri Plureos GmbH, Friedensallee 273, 22763 Hamburg (Allemagne)
Impression à la demande

ISBN : 978-2-3225-8627-1
Dépôt légal : février 2025

Un monde meilleur est possible !

Il ne s'agit pas d'un sujet anodin... Vous vous rendez compte ? Est ce qu'il serait possible qu'il y ait moins de guerres, moins de violences, moins de misères...

Bien sûr ce serait extraordinaire... mais vous n'y croyez pas trop !

Et si c'était possible ?... Et si ce n'était pas tellement compliqué ?

Bien sûr, pas du jour au lendemain ; mais pourrions-nous jeter les bases « d'un monde meilleur » où chacun pourrait améliorer sa vie et lui donner un sens ; un monde avec de moins en moins de violence et d'injustices ?

Nous allons voir ensemble que ce « monde » est possible et que, non seulement il est possible mais en plus, qu'il serait dans l'intérêt de tous. Il serait dans l'intérêt de tous, cela veut dire qu'il serait meilleur, même pour ceux qui se sentent les bénéficiaires du monde d'aujourd'hui !

Nous allons voir que c'est l'absence de compréhension du fonctionnement de la vie, du fonctionnement du « vivant », du but de la vie, de ce qu'est la vie elle même ; qui dans une suite de causes et d'effets est en fait à la base des problèmes de notre monde.

Le fonctionnement de la vie ?... Nous voyons là déjà une approche inhabituelle ! En général les recherches pour améliorer la société, se basent sur des mesures sociales ou économiques ; mais qui se soucie de la vie elle-même ?

C'est quoi cette énergie qui nous anime, qui nous permet de bouger et de réfléchir ?

Cette énergie mystérieuse a un fonctionnement, auquel en tant que vivant nous ne pouvons nous soustraire sans conséquence et auquel nous sommes soumis, que nous en ayons conscience ou pas.

La situation de notre monde est suffisamment grave aujourd'hui, pour que nous ayons le courage de sortir des habitudes de pensées ; le courage de regarder les choses en face, quelles qu'elles soient !

Il s'agit d'ouvrir les yeux, sans aucun à priori, sans aucun blocage ; mais bien sûr en ne se basant sur aucune croyance. Normalement, un comportement de vrai adulte, devrait imposer de regarder les choses comme elles sont, en se basant sur des informations vérifiées.

Ce qui est terrible, c'est que c'est la peur d'abandonner des théories imaginaires, qui empêche de découvrir la réalité qui est bien plus extraordinaire que nos croyances !

Ce qui est terrible, c'est que ce sont des formes de spiritualité qui promettent le bonheur pour après la vie, qui empêchent de vivre pleinement la vie, ici et maintenant !

Ce qui est terrible, c'est que ces formes de spiritualité basées sur des histoires imaginaires, empêchent de comprendre qu'une spiritualité libre, adulte, basé sur la réalité , est possible !

Ce qui est terrible encore, c'est que la majorité de nos scientifiques, cherchent à comprendre mais à condition de ne rien trouver qui s'apparente à du spirituel ! Si la vie a une dimension spirituelle, si scientifiquement on peut prouver qu'il y a obligatoirement « quelques choses », comment comprendre complètement la vie, sans tenir compte de cette dimension ?

Alors abandonnons tous ces enfantillages ; comme nous l'avons dit, la situation est grave ; ouvrons les yeux, enlevons nos conditionnements et découvrons le fonctionnement de cette vie extraordinaire.

La première question qui se pose à nous, c'est de savoir si les difficultés actuelles proviennent de la nature humaine, si elles sont irrémédiables, ou si nous pouvons envisager d'autres raisons ?

Nous devons essayer de comprendre les choses vraiment à la base, pour ne pas nous préoccuper seulement des conséquences, mais être sûr de rencontrer les vraies causes.

Certains pensent que les religions apportent les réponses à ce sujet ?

L'ensemble des religions et même le bouddhisme, qui est présenté comme une philosophie ; toutes ces organisations, comme nous l'avons dit, veulent surtout nous préparer pour après... le paradis, le nirvana et pour elles, finalement cette vie sur terre, ne serait qu'une épreuve, un passage, pour mériter d'être heureux après ! Comme personne n'est revenu depuis « l'autre côté » pour se plaindre, il est facile d'affirmer ces choses à ceux qui veulent bien les croire.

Pour nous, qui voulons comprendre, nous ne pouvons nous baser sur des « croyances » ; et nous devons au contraire nous déconditionner de toutes ces théories, qui ont imprégné la société et nous ont été transmises, parfois à notre insu !

Les religions donc n'amènent pas de vraies solutions ; cela fait des milliers d'années qu'elles proposent des réponses qui ne marchent pas et au contraire pendant ce temps, les choses s'aggravent…! Alors regardons au niveau de la politique, car elle, son but proclamé est bien de vouloir améliorer nos conditions de vie, ici et maintenant !

A ce niveau, les problèmes viendraient d'une mauvaise organisation de la société et il suffirait de prendre les bonnes décisions pour qu'advienne un monde meilleur.

Il est certain que ce monde, où les riches deviennent toujours plus riches et les pauvres plus pauvres, ne peut produire ce « monde meilleur » que nous souhaitons ! Il y a impérativement des dispositions à prendre et les riches eux-mêmes seront obligés de s'en préoccuper. Ce contexte, qui prévaut dans nos sociétés est en soi une violence et ne peut produire en aval que d'autres violences. Si les riches n'en prennent pas conscience, ils ne seront plus en sécurité, même dans les fortins qu'ils édifient de plus en plus.

Il y a donc bien à ce niveau des décisions à prendre. Pourtant, s'il est indispensable de prendre en compte les problèmes et d'essayer de leur apporter des réponses, il est encore plus important d'étudier s'il n'y a pas encore en amont, des raisons plus profondes qui les occasionnent.

C'est l'enjeu de ce document, mais c'est aussi tout le problème du monde actuel, qui, refusant de remettre en cause certaines habitudes de penser, reste à la surface et ne peut trouver de solutions !

Nous voyons bien ici et là, une volonté d'apporter des réponses ; mais des réponses qui ne vont jamais à la racine des problèmes. Plus ou moins consciemment, il y a une difficulté à déranger l'ordre établi. Nous allons voir que l'inefficacité vient aussi d'une incompréhension des vraies raisons ; même si parfois les réponses paraissent utiles à court terme !

Malgré certaines initiatives positives ; le manque de véritable efficacité des décisions engendre au contraire une défiance de plus en plus grande, qui sert de terreau aux populismes et aux extrémismes de tous bords !

Cette recherche d'une vraie compréhension, ne doit pas être prise à la légère ; car nous sommes là, devant un enjeu majeur. Si nous n'abordons pas les problèmes à leur racine, aucun monde meilleur ne sera possible et au contraire les choses vont se dégrader.

Aujourd'hui, nous voyons une prise de conscience au niveau de l'écologie, mais ce réveil, vient plus des premiers signes du danger qui guette notre humanité, que des décisions saines, que prendrait en amont une société adulte.

Ne boudons pas cette saine réaction, mais continuons

notre recherche pour comprendre d'où viennent réellement les difficultés.

Pour trouver les vraies raisons, nous devons bien sûr, nous baser sur la réalité des faits et pour cela nous méfier des conditionnements qui peuvent, à notre insu, fausser notre réflexion. Nous devons aussi éviter toutes formes de croyances, car par nature ces croyances sont basées sur des faits qui n'ont que peu de fondements historiques ou scientifiques.

De la même manière, nous devons éviter les blocages, que nous rencontrons par exemple chez beaucoup de scientifiques et nous méfier des réponses qu'ils apportent quand ils ne comprennent pas !

Il y a bien des grands penseurs qui ont dit des choses très compliquées et nous nous conditionnons nous même en pensant : *« si des solutions existaient ces gens le sauraient »*.

Nous allons voir que ces solutions existent, mais comment pourraient-elles montrer leur évidence, dans un monde basé en partie sur des valeurs erronées et des croyances imaginaires.

Ces solutions qui paraissent inaccessibles, découlent en fait du simple bon sens, pour celui qui n'est pas influencé. L'évidence apparaît très vite ; Il y a bien, en amont de nos difficultés, et des réponses que nous essayons d'apporter, des raisons de fond qui occasionnent ces problèmes.

Nous allons voir que ces raisons de fond viennent d'une mauvaise compréhension des fonctionnements humains ;

mais aussi du manque de vraie conscience de la réalité de la vie. Nous allons voir que la majorité des problèmes ne viennent pas de la vie elle-même, mais du fait que, la comprenant mal, certaines de nos actions, même si nous les croyons positives, s'opposent à son fonctionnement et du coup engendrent des conséquences.

Nous sommes là, devant un point capital, qui n'est pas pris en compte dans les études. Comme nous l'avons dit, « La vie en général, mais aussi la vie en nous, a un fonctionnement et nous devons être conscient que ce fonctionnement est en grande partie autonome. »

Nous le savons, mais nous ne cherchons pas assez à comprendre comment cela est possible et si, ce fonctionnement est autonome ; quel est son but ? De plus, s'il y a un but, philosophiquement et même spirituellement, cela implique beaucoup de choses !

Bien sûr c'est déroutant d'imaginer les choses de cette manière ; mais ce qui doit nous guider, c'est de savoir si c'est vrai ! Si nous ouvrons vraiment les yeux, nous n'avons pas fini d'être déroutés par cette vie tellement extraordinaire.

L'étude de son « fonctionnement » nous fait découvrir l'évidence ; l'énergie vitale est au service de « l'épanouissement du vivant ». « L'épanouissement »... si c'est bien son but, alors il va nous falloir comprendre en quoi consiste cet épanouissement et tout ce qu'il implique.

Aujourd'hui nous sommes dans une situation paradoxale, car nous sentons dans la société poindre de manière diffuse cette prise de conscience ; avec plein de belles initiatives et à la fois, des valeurs et des croyances qui empêchent de comprendre cette évolution et empêchent de l'épouser pleinement !

L'évolution de la vie demande une évolution de la conscience et la société propose, pour ceux qui le peuvent, plus « d'avoir » et plus « de paraître »... comment cela pourrait-il ne pas avoir de conséquences ?

Ce n'est pas un détail, car la vie elle, poursuit un but et nous un autre ! Ce n'est pas un détail et au contraire c'est le point principal des difficultés, des incompréhensions et des échecs qui en découlent par une suite de cause et d'effets !

Certaines valeurs transmises par la société, paraissent normales ; profitables pour certaines, alors qu'elles vont à l'encontre de l'évolution humaine.

C'est le cas pour les relations et les échanges, qui sont basés en grande partie sur les rapports de force. Dans le monde animal ; c'est ce type de relation qui prévaut principalement, même s'il y a aussi des exemples de coopérations et d'amour.

Les humains ont en grande partie un fonctionnement animal, mais ils ont aussi le besoin d'évoluer, le besoin de s'ouvrir à leur dimension humaine. Il ne peut y avoir d'évolution, sans cette ouverture à soi-même, cette ouverture à la vie en soi, qui met chacun sur le bon chemin.

Dans un monde où chacun ne cherche pas à être le plus fort, le plus riche, le plus important, mais cherche à être lui-même ; ce problème disparaît et les femmes, les doux, les poètes et les autres, peuvent apporter toutes leurs richesses ; indispensables à un monde harmonieux !

Ce point est capital, mais nous allons voir que la compréhension de la vie, nous fait découvrir d'autres malentendus tout aussi déterminants pour empêcher la compréhension et donc toutes les solutions !

L'incompréhension des fonctionnements de la vie, nous a fait croire que l'humain est méchant de nature ; qu'il a en lui une partie sombre. Nous allons voir que là encore, il s'agit d'un malentendu. Le problème c'est que ce malentendu a de grandes conséquences, sur la psychologie, la philosophie, la spiritualité et même sur l'organisation de la société.

Il ne s'agit pas de croire quoi que ce soit, d'affirmer sans être sûr. Il s'agit pour chacun de faire un effort pour comprendre la réalité, de son propre fonctionnement ; même si cela l'entraîne au-delà de ses habitudes de penser.

Nous devons développer notre discernement et être intransigeant, pour ne pas voir les choses comme cela nous arrange, ou comme « on » nous a dit qu'elles étaient ; mais les voir comme elles sont !

Dans notre monde chacun croit ou refuse ce qui l'arrange ; sans la rigueur nécessaire pour s'assurer de ce qui est juste.

Ceci en soi est aussi un point capital, car un monde meilleur ne peut être qu'un monde adulte, capable de voir la réalité comme elle est. Comment pouvoir vraiment nous comprendre et comprendre le contexte du monde qui nous entoure en nous basant, même partiellement sur des données imaginaires et sur des valeurs erronées ?

Nous devons bien réaliser que cette liberté d'esprit, cette capacité de réfléchir sans être influencé par des conditionnements, des croyances ou limité par des blocages ; ***cette liberté est la porte indispensable pour la véritable intelligence*** et cette intelligence est la porte indispensable pour l'avènement d'un monde meilleur.

Notre recherche, va nous faire découvrir encore d'autres points, tout aussi important et entre autres celui de la bonne route à suivre pour chacun.

La compréhension libre du fonctionnement de la vie, fait apparaître que **nous n'avons pas à inventer notre route, mais à découvrir celle pour laquelle nous sommes faits !**

Cette approche est elle aussi déterminante, car elle change toute notre manière de rencontrer la vie et finalement elle engendre même une nouvelle philosophie. Une philosophie qui ne découle pas de l'imagination d'un « grand » penseur, mais qui émane de la vie elle-même.

Une philosophie où **« l'être » en s'épanouissant développe l'humain en lui et participe à l'évolution de la vie vers la conscience et vers l'amour.**

Dans notre recherche, nous tombons d'émerveillement en émerveillement devant cette vie si extraordinaire, qui est faite pour nous, pour laquelle nous sommes faits et qui nous attend à notre place ; à condition de la comprendre et de la respecter.

C'est une nouvelle philosophie où l'humain retrouve sa vraie place dans l'évolution du vivant !

L'épanouissement, la prise de conscience et de plus en plus, l'harmonie avec le « tout ».

Le monde meilleur est là… nous n'avons pas à l'inventer… juste à épouser le dessein de la vie pour permettre à ce monde d'advenir.

Pour nous qui voulons avoir une réflexion « adulte » le problème d'une dimension éventuellement spirituelle de la vie ne se pose pas ; nous ouvrons les yeux, nous enlevons ce qui nous empêche de bien voir et nous constatons ce qu'il y a !

Si au détour d'un chemin, les yeux bien ouverts, nous rencontrons du spirituel ; nous le prenons sans réserve, mais sans lui rajouter quoi que ce soit d'imaginaire ! Si nous n'avons pas de mots, nous n'en mettons pas ; si nous n'avons pas d'explication nous n'en inventons pas ; mais si elle existe, nous ne manquons pas la rencontre avec cette dimension subtile de la vie !

Refuser à priori le spirituel est aussi grave que de croire, sans avoir de preuve !

(Bien sûr, nous parlons de spirituel et non pas de religieux !)

Alors étudions la vie en commençant à la base !

N°1 : Le vivant est un potentiel de vie !

Là encore, il paraît un peu déroutant d'aborder les choses de cette manière car dans ce domaine nous avons plus souvent l'habitude d'utiliser les outils de la psychologie. Pourtant il y a encore en amont du fonctionnement psychologique, des phénomènes de base à prendre en compte !

L'humain est un potentiel de vie et pour lui, « vivre » c'est exprimer et épanouir ce potentiel particulier. Il en est de même pour tout ce qui est vivant. Que ce soit la graine du petit pois ou le gland du chêne ; que ce soit le petit de la puce ou de l'éléphant ; tout organisme vivant est un potentiel de vie. Cela veut dire qu'il a en lui les informations qui le caractérisent, mais aussi les grands schémas de vie qui correspondent à son espèce et en assurent la pérennité. Dans une espèce, les capacités sont à la fois toutes les mêmes, mais plus ou moins dosées chez chaque individu !

Il y a un principe de base : Si les conditions sont réunies, **l'énergie de la vie tend à épanouir le potentiel qui la contient !**

Il ne s'agit pas d'un ressenti psychologique, mais bien d'un phénomène physique ; l'énergie tend à exprimer le potentiel.

Pour l'humain aussi, le potentiel comprend les grands schémas que la vie va tendre à satisfaire ; se nourrir, être en sécurité, se reproduire et assurer la survie de sa descendance, mais il contient aussi le besoin d'épanouir ses aptitudes particulières et le besoin d'évoluer. Bien sûr, tout est relatif et ce besoin est plus ou moins développé chez chacun. Si parfois il parait inexistant, c'est à coup sur parce qu'il a été bloqué, par une éducation inadaptée ou un traumatisme.

Nous ne pouvons comprendre les fonctionnements de la vie, si nous ne tenons pas compte de ce paramètre, car il intervient chez chacun !

N°2 : Le vivant a en lui des programmes

Les animaux obéissent à des lois qui les dépassent ; ils n'ont apparemment pas conscience de ces lois ; mais ils ont en eux-mêmes, des programmes qui les poussent à les suivre ! Une partie de ces programmes sont innés et d'autres sont le résultat de l'éducation transmise par les adultes !

Qu'ils en aient conscience ou pas, les animaux sont là pour vivre et ils essaient naturellement de pouvoir le faire au mieux !

Bien sûr, la vie d'un renard est différente de celle d'un loup ; mais chacun essaie de vivre sa propre vie !

Si un renard voulait vivre la vie d'un loup, il aurait des problèmes ; les dents, la puissance et certainement d'autres différences l'empêcheraient de bien vivre cette vie de loup ! Par contre pour vivre une vie de renard ; il a tout ce qu'il faut.

Dans notre recherche pour comprendre les vivants, nous pouvons déjà en tirer une conclusion ; chacun a une vie différente à vivre ; mais la même règle... « Vivre sa vie, la sienne »... pas celle d'un autre.

Chacun doit vivre sa vie et pour cela il a tout ce qu'il faut !

Comme l'animal, l'être humain a en lui des programmes.

D'abord notre corps a une multitude de fonctionnements complètement autonomes. Nous ne décidons pas que notre cœur bat, que notre estomac digère, pas plus que nous commandons à notre peau de cicatriser ou à nos globules de combattre les microbes.

Toutes ces fonctions et mille autres, se font parce que notre corps est programmé pour les faire. Notre conscience, nous ne le réalisons pas assez, est aux commandes d'un véhicule en grande partie autonome et si nous le commandons en partie, il obéit « aussi » à des programmes qu'il tend à satisfaire !

Si nous abordons ce sujet, c'est que nous ne sommes souvent pas assez conscients de l'influence de cette programmation dans beaucoup de domaines.

Il y a tout le domaine physique et physiologique, mais notre psychologie est elle aussi influencée par des programmes qui attendent d'être satisfaits.

Ce n'est pas après mûre réflexion, que le bébé décide de se mettre debout ! Il y a quelque chose en lui qui le pousse à le faire. De même, le petit garçon ne décide pas de ce qu'il ressent par rapport à une petite fille et réciproquement, pas plus que l'adolescent ne commande les émotions quand il voit une jeune fille qui lui plaît. Une femme peut décider d'avoir ou pas des enfants, mais en fait, à un certain âge, si les conditions sont réunies, le besoin s'éveille en elle et elle va décider d'en avoir ! En apparence, c'est elle qui le décide et elle peut croire prendre cette décision en toute liberté. Pourtant cette liberté est relative, car il y a en elle, même à son insu, les programmes de la vie qui influencent sa décision !

Alors bien sûr toute compréhension de la psychologie humaine, doit tenir compte de l'influence de ces programmes et de leur insatisfaction éventuelle !

En approfondissant un peu plus notre recherche, nous allons prendre conscience d'une évidence qui est très peu prise en compte.

N°3 : La vie c'est de l'énergie

La vie c'est de l'énergie et comme nous l'avons dit, cette énergie tend à épanouir le potentiel qui la contient ! Que nous en ayons conscience ou non, la vie essaie de poursuivre son but. Encore un point à ne pas négliger ; nous disons bien, *que nous en ayons conscience ou pas*, la vie elle, tend à poursuivre son but. L'intelligence n'est pas à ce stade !

Par comparaison, on pourrait dire que la voiture utilise l'énergie produite par le carburant ; mais ni la voiture, ni le carburant ne sont intelligents. L'intelligence est au niveau du constructeur, du chauffeur ou au niveau de l'intelligence artificielle d'un ordinateur.

Dans notre cas, il en est de même ; l'intelligence n'est pas au niveau de l'énergie ou du potentiel ; elle est seulement au niveau d'un « constructeur » éventuel et au niveau de l'être qui utilise son cerveau pour piloter la « machine » !

Il est très important de comprendre ces forces qui agissent en nous, car répétons-le, elles agissent que nous le voulions ou non, que nous en ayons conscience ou pas !

Nous pouvons en avoir conscience et veiller à ce que cette énergie serve à son bon usage, celui d'épanouir ce que nous sommes, ou nous pouvons aussi nous laisser influencer par d'autres critères, comme la réussite sociale, le paraître, l'argent ou même ce que nous pensons être une grande élévation spirituelle. Dans tous ces cas nous allons créer nous-mêmes les difficultés qui ne manqueront pas de se présenter ; car nous risquons souvent d'aller à l'encontre du mouvement de la vie et du coup l'énergie sera mal employée et cela engendrera des problèmes.

Il ne s'agit pas, d'être contre le fait d'avoir une responsabilité sociale, d'essayer d'avoir des revenus suffisants ou de développer une dimension spirituelle ; mais, **toutes ces démarches doivent être au service de notre réalisation.**

Aujourd'hui, nous mettons principalement nos capacités au service de la réussite financière, éventuellement de la réussite sociale et même ceux qui sentent un attrait fort pour la spiritualité cherchent souvent à acquérir de l'importance dans ce domaine. Il y en a même, et ils sont nombreux, qui dépensent l'énergie de leur vie, en grande partie pour avoir une bonne place quand ils seront morts !

Depuis que nous sommes nés, nos parents, la société, et par la suite, nos propres conditionnements, nous poussent à vouloir être quelque chose, quelqu'un, sans tenir compte de ce que nous sommes réellement.

Même si cela bouscule nos habitudes de penser, nous devons comprendre que toute recherche doit être faite pour épanouir ce que nous sommes ; pour mieux vivre, ici et maintenant.

Et si tout était là, dans cette réalité dont nous ne tenons pas assez compte ?

Les thérapeutes nous en parlent, mais eux-mêmes n'en réalisent pas assez l'influence.

Et si, c'était le grand secret des problèmes de ce monde ; **Juste pouvoir vivre la vraie vie, la nôtre** ! Une vie semblable sur beaucoup de points avec nos congénères, mais aussi particulière sur d'autres !

Et si la majorité des difficultés venait du manque de vraie vie de nos existences !

N° 4 : Si l'énergie de la vie est bien employée, elle est faite pour créer des êtres magnifiques !

Un être magnifique, ce n'est pas un être qui a tout compris, tout dépassé ; mais c'est un être en chemin, conscient de sa place dans le tout, conscient aussi de ses limites, de ses faiblesses, mais qui s'ouvre de plus en plus à la vie, pour tendre vers son « humanité ».

Un être magnifique, c'est un être « vivant », créatif dans sa manière d'être, de penser, de vivre. Ce n'est pas un « grand » quoi que ce soit ; il n'y a que les égos qui soient grands ou petits ; c'est juste un être vrai, en chemin, participant de plus en plus, en conscience, à l'accomplissement du dessein de la vie.

Ce ne sont pas les habits ou les titres honorifiques qui vont le rendre magnifique, pas plus que les formes harmonieuses de son visage ; c'est l'énergie de la vie qui émane de lui sans filtre et qui échange avec tout le vivant !

En nous il y a cette attente de devenir des êtres magnifiques et à la place, on nous propose de rentrer dans le grand troupeau, d'être comme les autres, avec comme ambition d'aller paître dans un meilleur champ !

Quand on prend un peu de recul, on voit que nos sociétés sont des machines à formater, à discipliner, à uniformiser ; des machines à emprisonner cette vie dont beaucoup ont peur ! Oui, ils ont peur d'une vie libre, car ils pensent qu'elle aboutit à une vie sauvage, animale et automatiquement à la violence.

Pourtant, en Afrique, au fin fond de l'Amazonie, ou sur les hauteurs de l'Himalaya, les peuplades qui y vivaient en autarcie, avaient développé autant que nous des relations humaines de qualité, avec du respect et de l'amour. Les tribus d'Amérique avaient fait de même, avant que des êtres « très civilisés » ne viennent les exterminer.

Leurs compréhensions scientifiques étaient réduites par rapport aux nôtres, mais les valeurs humaines étaient déjà là. La supériorité de ceux qui les ont vaincus était technique, mais étaient-ils pour autant plus évolués ? Au regard du respect de la vie, du respect de leur milieu, on peut en douter !

Il ne s'agit pas d'idéaliser le bon vieux temps, ou le côté exotique de la vie dans la forêt, car à ces époques, il y avait aussi des conflits et des problèmes et la vie pouvait parfois être rude !

Il y avait les philosophes Grecs qui montraient une grande conscience, il y avait des maîtres soufis ou des sages dans différents coins du monde, il y avait de nombreux peuples qui avaient développé de belles relations et en même temps, dans d'autres endroits, il y avait beaucoup de guerres. Il pouvait y avoir des sacrifices humains et des gens qui allaient en voir d'autres s'entre-tuer dans des cirques !

A notre époque, que nous estimons très évoluée, il y a eu la guerre de 1914 qui a été une vraie « boucherie », la guerre planétaire de 1940, il y a eu le génocide du Rwanda, la guerre en Irak déclenchée sur des mensonges pour des intérêts financiers et bien d'autres conflits absurdes.

Il y a même eu sur le sol européen, il n'y a pas si longtemps, la Shoah qui a repoussé l'horreur à des limites jamais atteintes. Des milliers de personnes, avec éventuellement une certaine instruction ; ont participé tout au long de la chaîne… et même les bourreaux ultimes étaient peut-être des gens bien « éduqués ».

Tous ces actes n'ont pas été commis par des êtres primitifs ou par ces « sauvages », regardés comme inférieurs.

La conscience de cette réalité devrait nous faire comprendre que non seulement la maîtrise et la discipline de nos sociétés, n'ont pas empêché d'agir ceux qui ont commis ces actes ; mais que dans certains cas, elles ont au contraire favorisé leur réalisation !

Ceux qui veulent réellement comprendre n'ont pas d'autre choix que de regarder ce problème en face. Dans le monde d'aujourd'hui qui se croit très évolué, où nous voyons des signes d'évolution indéniable, dans ce monde où il se passe plein de belles choses ; des êtres humains peuvent encore commettre des actes terribles, finalement aussi terribles qu'il y a mille ans !

Regarder la réalité en face, c'est aussi être conscient de ces faits, commis par des êtres qui nous ressemblent.

Alors bien sûr, nous pourrions en déduire et beaucoup le font, qu'il y a bien une partie sombre chez l'être humain.

Si nous observons les faits sans émotion, en comprenant

les vrais fonctionnements ; cela montre surtout que les grandes aptitudes de l'humain peuvent lui servir à faire de très belles choses, mais aussi les pires si elles sont au service d'êtres immatures ou déséquilibrés.

Nous devons bien comprendre que nos aptitudes sont seulement des outils et ces outils peuvent être utiles ou dangereux, suivant s'ils sont au service d'être épanoui, ou au service d'être déséquilibré. Hitler était un homme à la fois perturbé et aussi très intelligent et nombreux sont ceux qui ont mis leur intelligence à son service !

La rigueur pour comprendre le réel, nous oblige à constater aussi que dans les sociétés actuelles beaucoup d'êtres humains, estimés adultes, restent dans leur grande majorité des êtres avec une psychologie fragile, influençable, capable de pencher d'un côté ou de l'autre, suivant des petits intérêts à court terme.

Finalement, la même rigueur nous oblige aussi à constater, à quel point nos sociétés cherchent moins à faire évoluer les individus, qu'à les rendre dociles !

Nous sommes là encore devant un point important. Consciemment ou non, ceux qui mènent les sociétés et qui en général sont ceux qui en profitent, ne cherchent pas à renforcer la personnalité des individus, à les rendre perspicaces, à favoriser leur évolution. La démarche, n'est pas complètement consciente ; mais elle repose sur un a priori, surtout ne pas bousculer l'ordre établi. On cherche à améliorer les choses, mais finalement ça arrange bien d'anesthésier avec des religions, de vénérer la maîtrise et d'autres conditionnements, pour faire un grand troupeau de consommateurs.

En se basant sur des valeurs erronées, la société empêche une vraie maturité des individus et fabrique ainsi une société infantile, avec les résultats que nous pouvons constater !

Au lieu de maîtrise et de discipline, la vie en nous est en attente d'épanouissement et de liberté.

Ce point fondamental nous demande de **retrouver les lois de la vie**, de nous réconcilier avec le vivant en nous et autour de nous. Beaucoup de nos valeurs ont une origine coutumière ou religieuse et nous leur attachons de l'importance ; mais favorisent-elles notre épanouissement, favorisent-elles le plaisir de vivre, ici et maintenant ?

Même si cela choque les « croyants », nous devons réaliser que beaucoup de démarches religieuses ou philosophiques transmettent dans l'inconscient des images négatives de la nature humaine, de la sexualité, du plaisir. Elles transmettent la culpabilité et en réponse une démarche de maîtrise, d'abnégation en oubliant les lois de la vie qui poussent vers l'épanouissement.

Les animaux suivent instinctivement les lois de la vie, pour leur vie qui est animale et nous, avec les capacités qui sont les nôtres, nous pensons pouvoir nous soustraire à ces lois ; en inventer d'autres.

Le cerveau humain a des capacités extraordinaires, mais elles ne doivent pas lui servir à se soustraire à sa condition de vivant. Elles doivent lui permettre de mieux vivre, mais aussi de dépasser la condition uniquement animale pour devenir un vrai humain.

Pour devenir ce « vrai humain », nous devons comme nous l'avons dit, nous réconcilier avec la vie.

N°5 : L'énergie mal employée engendre une violence négative

Je parle de violence négative, parce que ce n'est pas la violence en soi qui est un problème mais les raisons de son usage.

Comme l'animal, l'humain utilise la violence si elle lui apparaît nécessaire. Le lion ne tue pas des gazelles pour se distraire ou par méchanceté ; il utilise la violence pour se nourrir ou protéger son territoire ; pour vivre sa vie de lion.

Pour l'humain, il en serait de même s'il pouvait réellement vivre sa vie d'humain.

Nous sommes là, devant un grand malentendu ; malentendu qui engendre beaucoup de conséquences.

Sans cette capacité de violence, l'humain lui-même n'aurait pas survécu et même aujourd'hui c'est un outil qui malheureusement peut parfois être indispensable. Par exemple, si un violeur agresse un enfant, il est nécessaire de l'en empêcher même avec violence, quand on ne peut faire autrement. Il y a beaucoup d'autres cas où, la violence est malheureusement nécessaire ; mais un être équilibré, épanoui, ne l'utilisera qu'à bon escient.

Dans la vie courante, elle est souvent, la réaction de gens frustrés, de gens fâchés avec leur propre vie, de personnes mal équilibrées, qui y trouvent l'impression d'être ! Ces gens utilisent la violence, à leur insu, pour libérer toute cette énergie accumulée par les mille rancœurs de vie où ils ne peuvent se réaliser ! Bien sûr l'usage de cette violence est condamnable et doit être condamné ; mais pour être efficace, la société doit impérativement agir aussi sur ce qui l'occasionne.

La non-violence systématique ne peut être une solution, car d'abord la violence se cache sous de nombreuses formes et de toutes façons cette non-violence, laisse toujours la place aux violents qui ne manquent jamais d'en profiter !

Nous pouvons nous mêmes ressentir parfois des pulsions de violence ; devant l'injustice, devant des comportements indignes ou empreints de méchanceté. Si en les observant objectivement, nous constatons que nos réactions sont excessives, si elles sont disproportionnées par rapport à ce qui les occasionne, c'est qu'une situation antérieure avait déjà engendré en nous des pulsions : injustice, humiliation ou autre chose et que cette énergie était en nous, en attente, car elle ne s'était pas exprimée.

Il est sain de s'indigner devant ce qui est indigne et la violence peut se justifier quand il n'y a pas d'autre solution !

Dans une société où les êtres peuvent s'épanouir, ces problèmes disparaissent d'eux-mêmes.

La bonne réponse au problème de la violence, mais aussi à tous les autres c'est l'épanouissement de « l'être », car lui seul aura le bon comportement !

Certains vont répondre, « chacun a son idée sur ce qu'est un bon comportement ». Il y a là encore, un point fondamental à comprendre : sur la bonne route, il y a bien un bon comportement.

L'être épanoui, aura le comportement juste ; car il n'a pas à régler des comptes en lui, il n'a pas à satisfaire telle idée ou telle religion ; mais juste à faire ce qu'il est logique de faire.

Il y a là encore un élément subtil à saisir. L'être épanoui, équilibré, aura le geste juste, parce que la conscience que cela lui apporte, lui permet de comprendre quel est le geste logique, de comprendre que ce geste va dans le sens de l'intérêt général, mais aussi dans le sens de son propre intérêt !

L'être épanoui aime la vie et il aime donc aussi les autres, parce qu'ils sont aussi la vie ! Devant des comportements négatifs, il réagira éventuellement de manière énergique, mais avec la conscience que leurs auteurs sont d'abord des victimes !

Nous voyons bien, que ce n'est pas la violence qui est en cause, mais l'état dans lequel se trouve celui qui en fait usage.

La solution pour éviter la violence, c'est donc de ne pas accumuler cette énergie, mais de l'utiliser à bon escient, c'est-à-dire à vivre notre vie.

Vivre une vie d'humain demande des éléments semblables à ceux des animaux, mais un mental plus sophistiqué, une capacité de conscience et un besoin d'évolution, exigent des conditions plus complexes.

Chez l'humain, les raisons qui empêchent la vie de pouvoir bien se manifester, peuvent venir d'un milieu défavorable ; d'une mauvaise construction psychologique ; mais elles peuvent aussi trouver leur origine dans des règles coutumières ou religieuses, si ces dernières sont en contradiction avec l'épanouissement de la vie ! Ceux qui se conduisent mal, ont souvent accumulé plusieurs de ces paramètres négatifs. Quelles qu'en soient les origines, même si des conditionnements les font voir sous un jour favorable, même si certains les estiment « sacrées » ; si les règles que nous suivons ne sont pas en accord avec l'épanouissement de la vie, l'énergie inemployée ou mal employée engendrera des réactions.

Ce même mécanisme peut avoir, dans des situations extrêmes des conséquences très graves.

Nous le voyons avec ces fanatiques qui font des actes tellement horribles que nous avons du mal à comprendre que ce sont des humains comme nous qui les font !

Les raisons sont pourtant là ; ce sont des êtres fâchés avec la vie ; fâchés avec cette vie qui se manifeste en eux !

Ce qui les intéresse c'est ce qu'il y aura après, dans le paradis que des beaux parleurs leur ont promis. Ce paradis donne un sens que pour eux, la vie ne contient pas !

Ils ont de la haine contre cette vie qui ne leur fait pas de place et contre cette société qui ne les a pas accueillis. Ils ne sont même pas conscients des forces qui agissent en eux ; mais c'est cette haine de la vie qui les pousse à supprimer la leur ou celles des autres et souvent à le faire de manière théâtrale. Les mises en scène d'exécutions sont un moyen de transmettre la terreur, mais aussi une manière de dire aux « vivants », regardez ce que nous en faisons de votre vie !

Cet extrémisme vient aussi se développer dans le terreau de cultures et de religions qui, comme des chapes de plomb viennent encadrer la pensée et codifier les relations sociales. Il vient se développer dans des sociétés dominées par le masculin, mal à l'aise avec la sexualité ; de monde que les valeurs féminines ne viennent pas assez équilibrer et qui du coup, deviennent encore plus fertiles à la violence.

Bien sûr, ces actions sont financées pour des raisons politiques, mais ce sont des êtres humains qui font ces actes ; des êtres qui ne sont pas nés comme ça.

Bien sûr, chaque être est une situation spécifique ; mais par nature un être vivant est fait pour vivre ; pas pour mourir, surtout volontairement.

N°6 : L'essentiel est dans la construction psychologique

Dans ce sujet et dans ceux que nous avons déjà abordés, il y a beaucoup de choses que vous savez déjà, mais il est nécessaire de les rappeler dans le contexte de notre recherche.

La construction psychologique se poursuit pendant toute notre existence, mais l'essentiel se fait dans les premières années de la vie !

L'essentiel va se jouer dans la rencontre avec les événements extérieurs. La bonne construction psychologique, les « logiciels » qui vont s'installer vont être le résultat de cette rencontre qui permettra ou non l'expression du potentiel particulier de chacun !

Toute la vie est une rencontre entre un potentiel que l'énergie de vie tend à exprimer et un contexte qui peut lui être plus ou moins favorable pour le faire. Il n'y a pas de vie qui soit autre chose et aucun des deux ne peut être compris isolément, car ils sont toujours interactifs entre eux !

Pour une bonne ou mauvaise construction psychologique, ce n'est jamais le potentiel qui est en cause ; mais au contraire les contextes qui permettent ou non son expression !

Le travail des parents et des éducateurs devrait être celui du jardinier. Ce travail est important, il est impératif ; mais il doit être bien compris.

Le rôle du jardinier, consiste à réunir les meilleures conditions pour que la « plante » pousse ; mais c'est elle qui pousse et pour qu'elle pousse bien, il doit la respecter dans ses particularités.

De plus cette plante ne pousse pas dans le vide et plusieurs paramètres influencent son développement.

Il y a bien sûr la cohérence des éducateurs et de l'entourage, la sécurité physique et psychologique, mais c'est surtout l'amour qui est indispensable à cette bonne construction. L'humain pour grandir psychologiquement, a besoin de s'aimer et d'être aimé. Faute de quoi, de mauvais « logiciels » s'installent dans l'inconscient ; qui, s'ils ne sont pas soignés, influenceront le comportement tout au long de la vie.

L'amour est la base de la vie humaine, la principale nourriture de l'être ; alors son manque n'est jamais sans conséquence pour la construction psychologique de l'individu !

Devant ce manque, la réaction pourra être très différente d'un individu à l'autre ; mais elle rendra l'épanouissement toujours plus difficile ! L'un voudra être le plus gentil pour qu'on l'aime et l'autre cherchera à se venger de ce qui pour lui est injuste. Certains même, pensant qu'il ne sont pas digne d'amour, puisqu'ils ne sont pas aimés, chercheront inconsciemment, à se punir eux-mêmes !

La bonne construction psychologique de chacun, est bien sûr un des piliers indispensables à ce monde meilleur que nous espérons !

N°7 : L'être humain ne peut être étudié que de manière globale

Toute étude, pour être efficace, doit impérativement comporter le plan physique, le plan physiologique, psychologique, spirituel et le contexte dans lequel tous ces plans s'expriment ! Ils sont interdépendants, interactifs entre eux et ils s'expriment toujours dans un milieu.

Nous avons donc une énergie, qui dans un contexte donné, peut ou ne peut pas, tendre à exprimer les différentes facettes d'un potentiel.

Pour comprendre, nous devons donc avoir cette approche globale, mais nous devons l'avoir aussi dans notre propre démarche d'épanouissement et d'évolution ! Par exemple, il serait trompeur de croire évoluer, avec une démarche axée principalement sur le spirituel et qui négligerait le plan physique.

Une étude qui n'aura pas cette approche, ne pourra être que très limitée, voir erronée, car elle ne prendra pas en compte les interactions entre les différents plans. Il en est de même pour notre démarche d'épanouissement et d'évolution.

Il s'agit là encore d'un point essentiel et pourtant que nous ne voyons pas assez pris en compte ! Il y a ceux qui s'occupent surtout de leur physique ou ceux qui accumulent les connaissances mais prennent leur voiture pour acheter leur pain à trois cents mètres. Il y a aussi ceux qui pensent avoir une haute démarche spirituelle et pourtant négligent leur corps et parfois le martyrisent au nom de quelques croyances.

Notre dimension spirituelle doit aussi être une dimension du vivant et elle doit donc elle aussi être en osmose avec la vie. C'est la vie qui est « sacrée » ; la vie dans toutes ses dimensions !

Comme nous l'avons dit, toutes les dimensions de la vie sont interactives entre elles et il ne peut être sans conséquence de négliger l'une ou l'autre.

Bien sûr une personne malade ou handicapée peut évoluer autant qu'une autre ; car évoluer, c'est évoluer par rapport à sa propre situation ! Souvent, on voit même ces personnes développer une sensibilité qui leur donne une plus grande ouverture d'esprit !

De toutes façons, personne ne doit être comparé à personne et le « monde meilleur » que nous souhaitons, devra être un monde permettant cette évolution holistique, mais aussi particulière à chacun.

N°8 : Chacun est fait pour « être »... être lui-même !

Cela parait simpliste au premier abord et pourtant c'est là encore un point essentiel.

Comme le renard qui doit vivre une vie de renard, nous, nous sommes faits pour vivre une vie d'humain ; c'est-à-dire assurer nos besoins fondamentaux, mais impérativement aussi, épanouir notre potentiel particulier ; « Être » chaque jour un peu plus ce que potentiellement nous sommes déjà !

Mais comment savoir ce que potentiellement nous sommes déjà ?

Voilà de nouveau un point subtil d'une extrême importance !

Combien de personnes mettent beaucoup d'énergie pour suivre des routes qui ne sont pas les leurs et dans lesquelles elles ne pourront donc pas s'épanouir. Suivant leur force, elles arriveront peut-être à « réussir » quand même à cet endroit-là ; mais elles feront plus d'effort et il y aura quand même un manque.

Pour sentir quelle est la bonne route, nous devons être à l'écoute de nous-même ; mais nous devons impérativement aussi nous débarrasser des croyances et des conditionnements qui influencent ce ressenti et par là, nous éloignent du chemin juste !

Dans la plupart des cas, ces conditionnements et ces croyances, cherchent surtout à discipliner la vie en nous, à la maîtriser pour nous faire devenir ce que d'autres estiment souhaitable.

Personne ne s'intéresse à ce que nous sommes vraiment et pourtant, pour nous, vivre, c'est être nous-même, en épanouissant notre potentiel !

Nous devons être conscient, à la fois de l'importance du ressenti ; mais aussi du fait qu'il peut être influencé. Ceux qui sont dans des sectes ressentent l'envie de suivre le gourou ;

ceux qui ont une religion, ressentent avec le filtre de cette religion et ceux qui ont l'obsession de devenir riche ou autre chose, sont influencés de la même façon.

N'importe quelle croyance ou conditionnement influence l'analyse de ce que nous ressentons !

Pour suivre la bonne route, la nôtre ; nous devons être à l'écoute de ce qui nous attire, de ce que nous avons du plaisir à faire et une relative facilitée ; mais pas pour être le plus fort, pas pour être plus que les autres, juste pour exprimer ce que nous sommes.

La bonne question, celle que nous devons avoir toujours à l'esprit ; c'est « Est-ce que, ce que je ressens, correspond à la réalité ; est-ce que cela va dans le sens de l'épanouissement de la vie ; est-ce que cela m'aide à réaliser ce que je suis profondément, ou est-ce que je pense que c'est souhaitable par rapport à mon importance, mon intérêt financier, par rapport à une croyance, pour faire plaisir à quelqu'un ou pour *satisfaire un manque réactif* ? Le manque réactif définit celui qui est une réaction à un manque plus profond, qui est toujours un manque de vie.

Par exemple si je sens le besoin de manger trop ; le besoin de manger est naturel, mais s'il est excessif c'est en réaction, peut être au manque d'intérêt de ma vie ou à des capacités en moi qui restent inemployées. **Dès qu'il y a un excès en quoi que ce soit, c'est toujours une réaction à un manque de vie,** et souvent au manque d'utilisation d'une autre capacité.

Cela veut dire que, pour bien vivre, il est plus important de développer les différentes facettes de notre potentiel, que de vouloir être exceptionnel dans un domaine. Nous devons être conscients que nous sommes des êtres physiques, physiologiques, psychologiques et spirituels et que tous ces aspects sont tous aussi importants les uns que les autres, qu'ils sont interdépendants et constituent un tout indissociable !

Vivre c'est être... et être... c'est être en évolution sur tous les plans !

Le but n'est pas d'être un « éclairé » ou autre chose d'important, le but ne doit jamais être en comparaison avec les autres ; le but est d'être en mouvement vers l'épanouissement de ce que potentiellement je suis déjà !

Il n'y a que notre être réel qui peut évoluer et grandir.

La majorité des soi-disant évolutions que nous voyons, sont des recherches pour correspondre de plus en plus à un personnage idéal que le mental a imaginé ! Ces gens croient évoluer, alors qu'ils ne font, à leur insu, que se conditionner pour avoir certaines attitudes et pas d'autres. Derrière cela, il y a l'idée que l'être « évolué » est supérieur à l'être « ordinaire » ; mais ce n'est en fait qu'une autre forme du « paraître » avec les habits de la spiritualité ou d'autres choses.

Il ne s'agit pas d'un détail, car toutes ces démarches nous éloignent de ce que nous sommes vraiment ; un être unique qui est là pour réaliser sa vie, la sienne ! Bien sûr certains sont faits pour être des « enseignants », mais cela ne leur donne aucune supériorité et il n'est pas souhaitable qu'ils s'affublent avec des tenues particulières qui risquent de leur faire croire qu'ils sont le personnage correspondant à la tenue.

On le voit avec tous ces grands prêtres, grands sages et tous les grands quelques choses, dont les habits et le comportement sont là pour montrer leur « importance ».

Il s'agit là d'un changement fondamental de la pensée, car toutes ces formes du « paraître » sont tellement incrustées dans notre culture, dans nos habitudes, dans ce que nous appelons « l'évolution », qu'elles nous paraissent normales.

Pourtant leur influence psychologique est très négative et elle est une des raisons du blocage de nos sociétés !

Entre ceux qui courent après l'argent ou le pouvoir, ceux qui courent après une importance sociale ou spirituelle – et tout ceux qui pensent qu'ils ne sont pas grands choses ; il y a combien d'êtres vrais, créatifs... combien de vrais humains ?

Nous commençons à y voit plus clair, mais alors arrive une question : est-ce que toutes ces prises de conscience nous rendront plus heureux ?

Continuons à affiner notre compréhension et l'évidence nous apparaîtra.

N°9 : La vie s'exprime dans un contexte !

Effectivement, la vie s'exprime toujours dans un contexte et elle est toujours en interaction avec ce contexte ! Il ne peut en être autrement, car dans le vide, aucune vie n'est possible. Cela veut dire que pour comprendre la vie, nous devons impérativement comprendre aussi le contexte dans lequel elle s'exprime.

Que je sois né à Pékin, à Tombouctou ou à New York, je suis toujours un être humain, mais ma construction psychologique aura été influencée par mon milieu de vie. Si je suis né dans un milieu privilégié, cette construction ne sera pas la même que si je suis né dans une cité difficile. La religion, le contexte social, les valeurs et l'exemple de mes parents sont autant de paramètres qui l'influencent.

Le ventre de ma mère est le premier contexte dans lequel je vais me développer et il a déjà beaucoup d'importance. Plus c'est tôt et plus c'est influent. A la naissance, pendant les premières heures, les premiers jours et puis environ jusqu'à sept ans, les principales fondations de l'édifice se mettent en place. S'il y a des manques graves pendant cette période, la construction se fait souvent moins bien et peut en garder des traces indélébiles.

Par exemple, si une femme attend un enfant et qu'elle ne le souhaitait pas, elle va déjà lui transmettre une énergie différente, mais surtout si une femme n'aime pas son enfant alors des manques graves vont s'imprégner.!

Si enfant je ressens une attirance vers des personnes du même sexe que moi, si ma couleur de peau n'est pas celle de la majorité, si j'ai un physique ingrat, si j'ai un handicap ; l'impact psychique va surtout dépendre de l'attitude des autres par rapport à cette particularité !

Si je suis mal accepté, cela va créer un problème de plus pour m'aimer comme je suis, pour vouloir être moi même et il me faudra plus de force pour affronter ma rencontre avec les autres.

Nous devons bien réaliser l'importance du contexte dans lequel la vie va s'exprimer, car c'est là que tout se joue.

Comme nous l'avons dit, l'être humain n'est ni bon ni méchant de nature et c'est donc les conditions dans lesquelles le potentiel de chacun va pouvoir ou non s'exprimer qui feront un être plus ou moins épanoui ou un être plus ou moins déséquilibré.

Bien sûr la même situation ne produira pas le même effet chez l'un ou chez l'autre, suivant le potentiel qu'elle rencontrera. Nous pourrons donc avoir, deux personnes ayant un contexte de vie très proche et qui pourtant réagiront très différemment. L'un peut-être se renforcera dans une situation où l'autre sera en difficulté.

Le contexte est donc essentiel ; pour autant il ne faut pas en déduire que la société, fait les individus, comme certains ont pu le croire au siècle précédent. L'individu est d'abord un potentiel spécifique de vie à épanouir. Le rôle et même l'intérêt de la société, celui aussi des parents et des éducateurs est donc de favoriser cet épanouissement.

Nous sommes là sur le point fondamental ; celui qui est la clef pour « un monde meilleur ».

N° 10 : Ce qui apporte du bonheur c'est de vivre notre vie

Les conditionnements sociaux veulent nous faire croire que nous serons plus heureux quand nous serons plus riches ou plus importants. En fait dans le monde d'aujourd'hui, les recettes du bonheur sont assez floues et le bonheur parait être une notion un peu irréelle, hors de portée des humains.

La réponse est pourtant simple : ce qui apporte du bonheur, c'est de vivre notre vie.

Épanouir ce que nous sommes, échanger, aimer et être aimé !

Bien sûr, le premier but est d'essayer d'avoir le minimum vital ; mais ensuite, même si on peu continuer d'améliorer sa condition, cela ne doit pas se faire au détriment d'un équilibre global. Le but et ce qui nous rendra plus heureux, c'est de nous épanouir sur tous les plans !

Nous sommes là encore sur un point essentiel, car pour répondre avec justesse à cette attente ; il faut impérativement comprendre ce que veut dire vivre !

Vivre ne veut pas dire seulement exister et consommer ce que l'on nous dit de consommer, faire ce que l'on nous dit de faire, être « à la mode » et penser ce que l'on nous a appris à penser !

Dans tout ça, elle est où, notre particularité ?

A la naissance, certains arrivent déjà dans une société qui ne les accepte pas comme ils sont ; trop bronzés, trop frisés, trop doux ou trop dur.

Pour la grande majorité, la société et les parents ont des idées sur ce qu'ils doivent être.

Leur dimension spirituelle, à travers les religions, est utilisée pour les culpabiliser, les formater, les dominer.

Avec souvent les meilleures intentions, ceux qui véhiculent certaines croyances, ne réalisent pas que souvent, ils distillent dans l'inconscient une mauvaise image de la vie !

Les religions, faites par des hommes, transmettent sans le dire, mais de manière implicite une mauvaise image des femmes et une mauvaise image de la sexualité.

La sexualité est un élément majeur dans l'expression de la vie. Elle est d'abord la condition de sa pérennité ; mais elle est aussi un pilier de son harmonie, dans la rencontre du féminin et du masculin qui viennent s'équilibrer mutuellement ! Dans le couple, elle est aussi le creuset de l'amour... cet amour qui est la grande loi de la vie !

Comment pouvoir être soi-même et vivre « sa » vie dans ces conditions et donc comment pouvoir être heureux , si cette partie de nous même est contesté ou culpabilisante.

En fait, les êtres humains ne sont pas compliqués ; mais on leur apprend à chercher le bonheur à un endroit où il n'est pas. Il y a bien des petits bonheurs éphémères, *J'ai une nouvelle voiture, un poste plus important... etc.* mais leur effet s'estompe vite.

Le bonheur solide, profond, pour le vivant c'est de vivre, et vivre c'est vivre « sa » vie !

Les animaux ne demandent pas autre chose et en fait les humains non plus, mais leur attente de vie inclut l'évolution et progressivement de plus en plus de conscience.

Il y a énormément de gens pour lesquels, de manière évidente, les conditions d'une bonne construction psychologiques n'ont pas été réunis ; mais la mauvaise compréhension des fonctionnements humains, fait que même pour les autres, un bon épanouissement et donc une vraie évolution est impossible.

On empêche les gens de vivre, de s'épanouir, de devenir réellement adulte et ensuite, devant leur comportements inadaptés ou négatifs, on en déduit qu'ils sont méchants de nature.

Vivre c'est épanouir notre potentiel, dans ce qu'il a de commun et de particulier et ainsi pouvoir épouser la vie dans toute notre dimension humaine. Vivre c'est s'intégrer en conscience, à notre place dans le mouvement de la vie.

Nos sociétés permettent-elles de réunir ces conditions ? il est évident que ce n'est pas le cas et d'abord parce que ce n'est même pas ce qu'elles recherchent !

Le profit et le pouvoir sont les principaux facteurs, à l'origine de ce que nous appelons l'évolution de la société.

Au lieu de parler d'évolution, il serait plus exact de parler de mouvement, car une société qui fabrique elle-même les conditions de sa propre perte, ne peut être considéré comme évoluée !

...

Nous avons abordé le fonctionnement de la vie et nous allons voir maintenant, ce qui dans notre manière de vivre, occasionne éventuellement des problèmes.

(De nouveau, Le texte comportera certaines répétitions, mais s'agissant d'une approche nouvelle, il est nécessaire de bien préciser à chaque fois de quoi nous parlons.)

Les raisons des difficultés !

Nos sociétés ont développé des manières de vivre et de penser qui ne tiennent pas compte du fait que la vie, elle, a son propre fonctionnement et même son propre but. Du coup, certaines valeurs ou certains comportements qui peuvent apparaître souhaitables, viennent en fait en contradiction avec le fonctionnement du « vivant » et par une suite de causes et d'effets sont à l'origine des problèmes.

Cela peut paraître secondaire et pourtant, cette ignorance engendre des difficultés insolubles pour tendre vers un monde meilleur.

Rappelons que nous sommes des vivants et donc soumis au fonctionnement de la vie que nous le voulions ou non, que nous en ayons conscience ou pas.

De ce fait, nous pouvons inventer les manières de vivre les plus sophistiquées ; aucune n'apportera un monde meilleur, si elle n'intègre pas le fonctionnement de la vie.

Nous allons aborder différents points qui sont des obstacles catégoriques à ce monde meilleur que nous souhaitons et nous devons prendre conscience qu'ils sont chacun en eux-mêmes, suffisants pour nous empêcher de tendre vers ce monde. Nous allons voir aussi qu'ils peuvent tous être solutionnés et même qu'ils seraient profitables pour chacun, quelle que soit la situation.

La qualité de la réflexion

D'abord nous devons comprendre que s'il est important de penser, de réfléchir ; il est aussi indispensable d'améliorer la qualité de cette pensée.

D'abord, en développant un esprit libre de tout conditionnement et de toutes croyances ; nous évitons ces prismes qui faussent notre regard et ainsi **nous ouvrons la porte vers la véritable intelligence.**

Les gens qui ont un cerveau performant, croient avoir automatiquement une pensée juste, alors que leur réflexion se fait peut-être avec des aprioris, sur la morale, sur les valeurs sociales, sur Dieu, sur le début de la vie ou sur l'univers. Les grandes capacités de leur cerveau n'empêchent pas ces influences ; par contre la justesse de leur réflexion peut en être affectée. Ces capacités peuvent être très profitables ; mais à condition d'être au service de la compréhension du réel et non pas dans une recherche de supériorité.

Pour celui qui veut réellement comprendre ; voir les choses comme elles sont doit impérativement être une priorité ! Ensuite chacun peut en faire les déductions qui lui paraissent les plus logiques, mais quel résultat attendre si la base de la réflexion est faussée au départ ?

Le monde actuel est principalement basé sur la mémoire et sur l'accumulation d'informations et pas assez sur une réflexion libre, capable de remettre en cause ce qui ne va pas.

Celui qui réussit dans nos sociétés, c'est celui qui sait tirer parti d'une situation telle qu'elle est et pas celui qui en dénonce les travers, même si cette dénonciation serait pertinente et profitable ! Celui-là sera plutôt exclu.

Nous devons prendre conscience de nos conditionnements et de nos blocages, car ce seul point de « bon sens » nous empêche de comprendre cette vie qui nous anime, d'être en adéquation avec elle et ainsi de pouvoir nous comprendre.

Améliorer toujours plus la justesse de notre réflexion, est la base indispensable pour comprendre les vraies raisons des problèmes et pouvoir ainsi trouver des solutions efficaces.

L'expression du potentiel

Cette amélioration de la capacité de compréhension, nous permet de découvrir le fonctionnement de la vie.

Il y a l'énergie de la vie, qui tend à exprimer le potentiel de chaque vivant et un contexte qui permet ou non de le faire ! S'il y a un « dérapage », ce n'est pas la vie ou le vivant qu'il faut d'abord incriminer, mais le contexte dans lequel cette vie a pu ou non se manifester.

Même pour ceux qui ont des conditions que nous pensons favorables ; nos sociétés leur enseignent et leur imposent des valeurs qui pour certaines viennent en contradiction avec l'énergie de la vie qui tend à s'exprimer en eux.

Il ne s'agit pas de pouvoir faire n'importe quoi, mais nous devons comprendre que c'est l'expression du potentiel, qui engendre automatiquement une évolution de la conscience et du coup occasionne le geste juste.

L'expression du potentiel est l'intérêt de chacun, mais elle correspond aussi à l'intérêt général, car nous sommes faits pour nous compléter et on peut le dire, pour nous aimer !

L'énergie de la vie tend à épanouir le potentiel de chaque vivant et nous les humains, nous avons inventé des manières de vivre qui ne respectent pas ce mécanisme ; alors bien sûr, nous en avons les conséquences.

Comprendre les excès

L'incompréhension des vrais fonctionnements engendre la encore une réponse, non seulement inadaptée, mais en plus qui va souvent à l'encontre de son propre but.

Dans la mesure où certains aspects de notre potentiel ne vivent pas, ou pas assez, le besoin de vie s'exprime dans ceux où il peut le faire et souvent cela engendre des excès dans les domaines concernés. N'importe quel excès a toujours cette origine, car naturellement, nous sommes faits pour être harmonieux. Quand j'ai assez mangé, je n'ai plus faim et s'il n'y a pas un manque d'autre chose qui me pousse à compenser je vais arrêter de manger.

L'excès est toujours le signe d'un manque de vie, car **si je peux exprimer mon potentiel dans toute sa richesse, l'harmonie vient naturellement dans chaque domaine.**

Quand il y a un excès, au lieu de saisir le positif, en respectant la richesse du potentiel qui informe par le manque ; la société, les religions et l'ignorance répondent par la maîtrise et le refoulement de cette énergie.

Cette énergie qui ne peut s'exprimer tendra à le faire, où elle pourra, et au lieu de participer à notre épanouissement, elle occasionnera un déséquilibre encore plus grand.

L'être humain, ni bon, ni méchant de nature

La compréhension du fonctionnement nous fait découvrir aussi le grand malentendu.

La société et les religions sont basées sur l'idée que l'être humain a de nature, en lui, une partie sombre, sauvage et que son « humanité » ; ce qui le rend humain vient par l'éducation et la maîtrise. Cela sous-entend, que ce qui est authentique en chacun, aurait cette nature sauvage et cela sous-entend donc aussi que ce qui naturel, ce qui n'est pas maîtrisé, est dangereux !

Nous avons vu pourtant que les animaux, qui vivent eux de manière naturelle, ne sont pas méchants de nature ; mais au contraire qu'ils utilisent la violence seulement pour assurer leur existence.

Comme nous l'avons dit, de nature, l'être humain lui aussi n'est ni bon ni méchant ; mais il utilise éventuellement la violence pour assurer ce qu'il croit être nécessaire à sa vie ! Le problème ce n'est donc pas la violence en elle-même, mais l'usage qui en est fait par des êtres déséquilibrés, frustrés ; des êtres qui pour différentes raisons ne peuvent vivre leur vie. Du coup le déséquilibre et la frustration orientent l'énergie inemployée vers la violence, pour avoir l'impression d'être et pour libérer la tension en soi !

Bien sûr la société ne peut laisser chacun utiliser la violence pour résoudre ses problèmes ; mais elle doit comprendre sa part de responsabilité, quand pour différentes raisons, elle empêche les gens de vivre une vie créative pour en faire un troupeau de consommateurs. Il en est de même pour les religions qui y participent et veulent faire croire que la vie ne sert qu'à préparer une bonne « existence, après » !

Tous ces empêchements de vivre, sont des machines à fabriquer des gens frustrés.

Dans la mesure où ils compensent, la majorité de ces frustrés, frustrés de ne pas vivre la vraie vie, la leur ; ne savent même pas qu'ils le sont. Pourtant, il suffira d'une étincelle pour que cette belle énergie mal employée, débouche sur la violence physique ou verbale.

Comment un monde meilleur pourrait apparaître dans une société qui a peur d'une vie libre, car elle la croit de nature violente et par conséquent, passe son temps à vouloir la maîtriser.

Nous devons réaliser les dégâts psychologiques graves occasionnés par l'idée que nous serions méchants de nature, que nous aurions une partie sombre en nous.

Comment pouvoir être nous-mêmes, si nous pensons nous retrouver face à face avec cette partie sombre ? Comment nous aimer, si nous croyons que notre nature profonde est méchante ?

Comment nous comprendre, comment comprendre la vie, comment soigner, comment évoluer avec cette base de la compréhension qui est fausse et qui entre en opposition avec l'expression de la vie !

Il n'y a pas de partie sombre ; il y a un outil, la violence dont on peut faire un bon ou un mauvais usage, comme de n'importe quel outil, suivant si nous pouvons exprimer notre vie, ou si consciemment ou non, nous sommes en opposition avec elle !

La maîtrise

Ce problème, lui aussi est essentiel, car dans une suite de causes et d'effets, il engendre toute l'organisation de la société, valorise les comportements de contrôle de soi et nécessite en même temps la punition et la répression pour ceux qui ont du mal à se maîtriser ! D'un côté, il y a les gentils qui se maîtrisent bien et de l'autre les méchants qui ont du mal à le faire ou qui n'en voient pas l'intérêt !

En fait, la maîtrise n'est rendue nécessaire que par l'échec d'une bonne évolution, car comme nous l'avons dit, c'est l'épanouissement qui engendre naturellement le bon comportement.

Ce point aussi fait partie des malentendus qui changent la relation de chacun avec la vie et d'abord avec la sienne !

Bien sûr il est nécessaire dans certains cas de se maîtriser, mais au lieu d'en faire l'apologie, nous devons saisir l'information que nous indique ce besoin de maîtrise.

C'est le bon comportement qui est naturel et donc si ce n'est pas le cas, je dois me demander pourquoi ? Cela n'est pas grave, je n'ai pas à être parfait, mais pour être heureux, je dois continuer mon épanouissement, être en accord avec la vie et là, tout devient fluide !

L'étude du vrai fonctionnement de la vie, nous a montré que le bon comportement vient naturellement chez un être épanoui, alors que l'être « maîtrisé » est en opposition avec les forces qui tendent à s'exprimer en lui.

Que ce soit pour des raisons philosophiques, religieuses, ou la peur du gendarme, l'être maîtrisé utilise de l'énergie pour lutter contre cette énergie de la vie qui risquerait de l'entraîner vers des comportements qu'il ne souhaite pas avoir.

Que cette maîtrise vienne de la peur d'une autorité ou de ce que certains prennent pour de la « haute spiritualité », l'opposition entre les deux énergies est quand même là et elle aura des conséquences négatives !

On le voit avec ces prêtres qui deviennent pédophiles, alors qu'ils voulaient faire de bonnes choses ou ce grand maître Bouddhiste du sud de la France qui violait des jeunes filles.

Il y a aussi ces spiritualités basées principalement sur la maîtrise. Nous voyons que, comme pour les autres religions, leur but est moins d'épanouir la vie, que de préparer des bonnes conditions pour « après ».

Ces gens ne risquent pas de favoriser « un monde meilleur » ici et maintenant ; ils ne risquent pas de voir toute la beauté de la vie ; tout occupés qu'ils sont, à encadrer leur créativité et sans qu'ils le sachent, à s'empêcher de vivre.

Si on étudie historiquement comment se sont créées les

religions, car ce sont elles qui ont créé cette admiration pour la maîtrise, on s'aperçoit qu'elles ont toutes été récupérées par les puissants qui y ont trouvé le moyen de « maîtriser » le peuple.

Bien sûr les religions ont rencontré un vrai besoin de spiritualité, mais elles l'ont utilisé pour maîtriser, au lieu de l'utiliser pour libérer.

De nouveau, aucun monde meilleur ne sera possible, s'il est basé sur cette maîtrise que l'on nous a appris à vénérer, alors qu'elle est en opposition avec la vie.

Les croyances et les conditionnements

La majorité de nos concitoyens sont influencés par des croyances et même ceux qui ne croient pas, vivent dans un monde dont les valeurs ont été en grande partie influencées par ces croyances. Ces croyances, comme nous l'avons dit, sont des imaginations humaines qui n'ont souvent que peu de rapport avec la réalité historique. De ce fait, il n'y a aucune chance qu'elles favorisent un monde meilleur ; car lui, ne peut être basé que sur le réel.

Les religions participent au contraire à créer les raisons qui l'empêchent, en culpabilisant avec le péché et entre autres avec le péché originel, avec la vénération de la virginité, avec les prêtres célibataires et avec toutes les réponses qu'elles ont inventées sur les origines et le but de la vie.

Ce grief est grave, mais il n'est pas le seul, car en plus, ces croyances avec la spiritualité infantile qu'elles ont proposé, ont empêché l'avènement d'une spiritualité adulte. Pendant longtemps et beaucoup le font encore, on a confondu le religieux et le spirituel et du coup en refusant le religieux, on a perdu cette dimension subtile de la vie. Si cette dimension existe, il est impératif de la prendre en compte ; mais sans le faire au détriment de la raison, de la science ou de la psychologie.

L'approche historique et scientifique peu crédible des religions, a fait apparaître au cours de l'histoire une opposition, entre les religieux et ceux qui en réfléchissant, en découvraient les incohérences. Aujourd'hui encore, la majorité des scientifiques et ceux qui s'estiment rationnels, contestent cette dimension et du coup se prive d'un domaine qui, comme nous l'avons dit, s'il est une réalité doit aussi être pris en compte.

Essayons de toujours mieux comprendre la réalité, plutôt que d'imaginer des histoires infantiles !

Le paraître

Nos sociétés sont tellement basées sur des notions de hiérarchie, d'importance des uns par rapport aux autres que cela finit par paraître normal ; mais nous devons comprendre que l'impact psychologique est très négatif.

L'être humain est fait pour « être » et être, ne peut être qu'être lui-même ! Toute notion de comparaison, d'importance des uns par rapport aux autres, toute notion de supériorité ou d'infériorité est un empêchement pour être soi-même.

C'est une approche qui peut dérouter, car la notion « d'être » est mal comprise et elle exprime plutôt une notion de paraître. Dans la pensée habituelle, Être, c'est être connu, avoir une position par rapport aux autres, être chef, président, docteur, évêque ; alors que le balayeur des rues, n'est guère plus considéré que son balai.

Il y a là encore un malentendu très grave, qui a des conséquences sur toute la démarche humaine et sur l'épanouissement des êtres dans notre société.

Sur la démarche humaine, parce que le mouvement de la vie est en attente d'être en évolution réelle et parce que l'être humain a besoin de sentir cette vraie évolution ; alors que le paraître apporte une illusion d'évolution. Dans le mental, l'illusion répond au besoin, mais dans la réalité le manque est toujours là.

Si je suis président, si je suis docteur, si j'ai un titre quelconque, au lieu de chercher à être toujours plus moi-même ; je crois être le personnage auquel je donne de l'importance et mon comportement se moule dans l'image que j'en ai. Cela influence mes relations avec les autres, cela empêche la vraie rencontre d'humain à humain et cela m'empêche même de me rencontrer moi-même !

Certains ont des qualités de meneurs : qu'ils dirigent,

d'autres ont des aptitudes scientifiques : qu'ils recherchent ; que chacun soit à sa place pour faire le meilleur travail et en même temps pour s'épanouir ; mais pas pour se croire supérieur aux autres.

L'idée d'une supériorité de «l'être» est en soi un non-sens car nous sommes tous différents, faits pour être différents et c'est l'épanouissement de cette différence qui est notre intérêt et l'intérêt aussi du groupe !

Dans ce monde de la comparaison, de la compétition, il y a un premier qui est content le jour même, mais dès le lendemain il commence à craindre qu'on lui prenne sa place. Ensuite il y a tous les autres qui apparaissent inférieurs et qui du coup sont dévalorisés à leurs yeux ou à ceux de la société.

Nous devons réaliser à quel point les relations sociales sont influencées par cette notion d'importance des uns par rapport aux autres et sont négatives autant pour celui qui se croit important que pour celui qui se sent dévalorisé.

Ce que nous appelons la réussite est uniquement basée sur cette notion.

Une société comme la nôtre, basée principalement sur «le paraître», va à l'encontre d'un véritable épanouissement des individus et n'a donc elle non plus, aucune chance de voir apparaître notre monde meilleur.

Les rapports de force

Il s'agit là de nouveau d'un problème de fond, qui est lui aussi un blocage à notre dimension humaine.

Un monde meilleur ne peut pas être meilleur seulement pour certains. D'abord ce monde des rapports de force ne fait pas une bonne place à tous ceux qui ne sont pas fort. Ensuite, même s'il parait favorable aux forts, en fait il fausse leurs relations avec les autres !

Bien sûr certaines personnes sont plus fortes physiquement ou intellectuellement, certaines sont plus résistantes que d'autres ; mais leurs capacités ne doivent pas engendrer une idée de supériorité.

Pour que j'aie une relation riche avec l'autre, il faut qu'il soit libre, pas inférieur ou supérieur ; sans aucune comparaison d'aptitudes. Un être humain qui rencontre un autre être humain… et s'il a de belles capacités, tant mieux pour lui ; qu'il les utilise pour vivre sa vie à lui ; mais d'être à être, il ne peut y avoir de supériorité.

Cela vaut aussi pour les relations homme – femme. S'il faut porter des sacs de ciment souvent l'homme sera plus à l'aise ; mais la femme est plus à l'aise dans d'autres domaines et là encore pour que la rencontre soit belle, il faut qu'elle soit libérée de ces conditionnements de supériorité.

On voit bien de plus en plus de femmes occuper des postes importants, mais c'est encore insuffisant et souvent elles doivent pour y arriver, utiliser des comportements correspondant plutôt au masculin.

Les hommes qui se sont attribué une supériorité grâce à leur force physique, doivent comprendre impérativement qu'aucun monde meilleur ne sera possible, tant que le féminin ne viendra pas équilibrer le masculin dans toute la vie sociale et politique, comme elle le fait au niveau familial ou intime.

D'une manière générale, celui qui se pense plus fort ou moins fort, doit comprendre qu'il en va de son intérêt de sortir de cette façon de voir, car le monde de «l'être» se situe en dehors de ce monde-là et la qualité des rencontres ou des échanges en dépend.

Ce monde meilleur ne sera pas possible non plus, tant que les doux, les poètes, les gens plus délicats, tant que chacun ne pourra pas en toute sécurité, apporter sa particularité comme une richesse pour tous !

L'épanouissement

Pour s'épanouir l'être doit comprendre la réalité de la vie, car c'est la vie qui s'épanouit en lui. Cette compréhension, et la conscience qu'elle apporte, engendrent naturellement des comportements de respect, finalement d'amour pour la vie et donc pour les « autres » qui sont aussi la vie.

Ce sont cette conscience et ces comportements qui

engendreront aussi naturellement le monde meilleur que nous cherchons !

En s'épanouissant l'être se reconnecte à son énergie naturelle qui est l'énergie de la vie ; alors la vraie conscience peut se développer, tous les comportements en sont influencés et la maladie est plus rare !

La réponse à nos problèmes ou à ceux de la société, c'est l'épanouissement.

Cette manière de voir peut dérouter un peu, mais nous devons comprendre que l'épanouissement du potentiel est pour chacun son intérêt, son chemin de « bien-être » mais aussi le moyen pour s'intégrer à sa place dans le tout.

La bonne route

Beaucoup de gens ne réfléchissent même pas à ces questions et se laissent guider ; mais ceux qui réfléchissent, pensent en général que dans la vie, chacun a sa route et que l'on ne doit pas porter de jugement sur la route suivie par un autre !

Là encore nous sommes devant une mauvaise compréhension qui a des conséquences déterminantes !

Que nous le voulions ou non, il y a bien « une » bonne route, celle qui accomplit les programmes de la vie et tend à épanouir toujours plus notre potentiel.

Cette route est à la fois, la même pour tous à travers les programmes à accomplir et à la fois spécifique à chacun à travers ce que le potentiel a de particulier ! Cela veut dire que **nous n'avons pas à choisir une route, mais à comprendre la nôtre !**

Il y a beaucoup de démarches qui paraissent profitables, mais elles sont vouées à l'échec si elles n'intègrent pas le fonctionnement de la vie !

Non seulement, elles sont vouées à l'échec, mais souvent sans le savoir, elles participent à créer les problèmes qu'elles prétendent solutionner. Il y a bien « un » bon comportement, celui qui respecte et permet l'épanouissement de la vie, en nous et autour de nous.

L'enseignement

Actuellement, l'enseignement est surtout basé sur la mémoire et il est dispensé comme si l'individu était un récipient vide qu'il s'agissait de remplir ! Il n'est tenu aucun compte de la spécificité de chaque « récipient » et, étant basé surtout sur la mémoire, il a tendance à uniformiser et à étouffer la créativité de chacun.

Du coup, au lieu de participer à une bonne construction de l'individu qui permettrait son épanouissement ; il prépare une société de gens frustrés, une société composée d'individus qui paraissent adultes, mais qui en fait gardent un côté infantile ; de gens qui souvent courent après des chimères et consomment ce qu'on les incite à consommer.

Là encore nous avons un problème très grave, car il est difficile de rattraper plus tard ce qui n'a pas été fait en temps voulu ! Développer la mémoire est important, mais la capacité de réflexion, le discernement et la créativité le sont tout autant !

L'enseignement bien sûr est indispensable ; mais ce n'est pas lui qui fait la personne et il doit venir comme autant d'outils au service de la construction et l'épanouissement de l'individu.

Ceci est déjà pratiqué dans les écoles Steiner, Montessori et d'autres, mais ces initiatives sont encore trop isolées pour être influentes ; de plus étant pratiqué seulement sur une partie de la scolarité, les élèves de ces écoles peuvent s'avérer désorientés quand ils doivent retrouver les méthodes traditionnelles.

La manière actuelle d'enseigner est encore un point qui va à l'encontre de l'évolution humaine.

La répression

Dans nos sociétés, la répression est l'outil pour répondre aux dérives des individus ; alors qu' avec notre compréhension du fonctionnement de la vie, nous savons que leur échec est d'abord celui d'un contexte social et ensuite celui d'une société dans laquelle ils n'ont pu bien se construire.

Pour l'instant, les choses sont ce qu'elles sont et donc l'outil répressif est nécessaire, mais il n'est positif que s'il est couplé avec une vraie compréhension des responsabilités ; avec un travail sur ce qui occasionne les déviances et avec la conscience que le responsable est d'abord une victime !

Ceci encore, demande une révolution de la pensée... à la base chaque être humain voudrait être heureux et pour cela voudrait pouvoir se construire une vie logique, être aimé par les autres et s'aimer lui-même.

S'il fait des bêtises, la société ne peut lui donner raison, mais elle doit impérativement s'interroger sur sa propre part de responsabilité, car par nature l'être humain a envie d'être heureux !

L'être qui reçoit la punition, même s'il ne sait pas mettre des mots sur son ressenti, risque d'éprouver un sentiment d'injustice, devant une situation de vie, où il n'a pas eu de chance ; les parents, le milieu, sa propre aptitude à surmonter et la société qui continue à s'acharner sur lui.

Si nous approfondissons la compréhension ; nous réalisons que la société, préfère en fait considérer les délinquants, uniquement comme des méchants, car cela lui évite de se remettre en cause. *Nous, on est les gentils, eux c'est les méchants et il suffit de supprimer ou d'enfermer les méchants pour solutionner les problèmes.*

Bien sûr cet aveuglement empêche toute efficacité, car les raisons des problèmes persistent et la société continue à les créer elle-même.

De plus, si celui qui est puni a bien sûr du mal à s'épanouir ; celui qui punit aussi, car quelque chose en lui sait, même si c'est inconscient, que ce n'est pas complètement juste. C'est un autre être humain, c'est un frère et au fond, nous savons bien que s'il en est là, c'est qu'il n'a pas eu de chance !

Pour vivre en groupe il faudra toujours définir certaines règles, rouler à gauche ou à droite, ne pas marcher sur les pieds de son voisin, etc. et il faudra toujours des punitions pour ceux qui ne les respectent pas. Mais ces règles seront de plus en plus respectées naturellement, si elles sont logiques et si les individus ont la capacité de comprendre cette logique. Si les règles sont logiques, l'être humain équilibré ne les sentira pas comme une atteinte à sa liberté, mais au contraire se fera un plaisir de respecter son voisin ou de rouler doucement dans un village.

Il ne s'agit pas de vouloir supprimer la police, ou l'armée, mais de les rendre de moins en moins nécessaires.

La spécialisation

Nos systèmes économiques, basés sur la concurrence, engendre une demande de compétence toujours plus grande, que seul la spécialisation permet d'obtenir.

Cette demande de compétence élevée est donc de spécialisation, concerne de plus en plus tous les domaines d'une société qui récompense les « spécialistes » les plus performants.

Dans beaucoup de métiers, la compétence requise aujourd'hui ne permet pas qu'il en soit autrement ; pourtant chacun doit veiller à s'équilibrer lui même par des activités complémentaires.

Par exemple, il est souhaitable pour le bureacrate, d'avoir des activités physiques après son travail et plutôt le contraire pour le maçon.

La vie elle, le bonheur, demandent l'épanouissement et l'épanouissement de l'être demande l'harmonie, c'est-à-dire l'épanouissement dans toutes nos dimensions.

Être un bon papa ou une bonne maman, un bon ami, essayer de bien faire le travail qui nous correspond, développer notre discernement mais aussi notre imagination. Il ne s'agit pas de vouloir faire trop de choses, mais de faire fonctionner toutes les facettes de ce que nous sommes.

L'addition de gens spécialisés et donc, même si c'est inconscient, de gens frustrés de ne pouvoir vivre plus complètement leur vie ; cette addition ne peut faire une société épanouie.

L'évolution

Nous ne parlons pas de la théorie de l'évolution de Darwin, qui est une évolution physique qui a pu se vérifier dans certains cas, mais qui n'explique pas du tout l'extrême diversité et surtout l'apparition et l'intelligence de la vie dès ses premiers instants ! Nous aborderons de nouveau la théorie de Darwin, mais pour l'instant c'est l'évolution psychologique qui nous intéresse.

C'est encore une question qui est mal comprise et qui de ce fait engendre le contraire du but qu'elle prétend poursuivre.

Le but de chacun ne doit pas être de vouloir évoluer ; le but doit être de vivre et c'est le fait de vivre la vraie vie, la sienne, qui fait évoluer !

Aujourd'hui la recherche d'évolution est une recherche en soi et donc inconsciemment une recherche pour être plus important à ses propres yeux ou à ceux des autres. Celui qui est soi-disant plus évolué apparait supérieur à celui qui a encore des comportements estimés de moins bonne qualité.

Bien sûr l'être réellement évolué à de meilleurs comportements, mais pas parce qu'il est supérieur à l'autre ; juste parce qu'en étant lui-même, il n'engendre pas ses propres frustrations et peut s'épanouir. Sa compagnie est agréable, par ces propos tolérants, par sa façon d'être, mais aussi par l'énergie qui émane de lui et qui entre en contact avec celle des autres.

Il ne le cherche pas… cela se fait naturellement, parce qu'en étant épanoui, il s'intègre dans la grande énergie de la vie !

Comme nous l'avons dit, la plupart des recherches d'évolution que nous voyons sont des recherches de l'égo qui n'arrive pas à s'extraire du monde du paraître !

Comme nous l'avons dit, nos sociétés sont tellement basées sur le paraitre, que nous n'en voyons plus les signes ; pourtant la vraie évolution ne peut exister dans ce monde-là !

Le paraitre étant l'opposé de l'être, comment évoluer dans ces conditions ?

La vraie évolution engendrera automatiquement un monde plus humain où chacun pourra trouver sa place. Un monde où la différence sera rencontrée comme une occasion d'enrichissement.

La conscience

C'est cette capacité de conscience qui fait de nous des humains ; mais il n'y a de conscience que dans la rencontre avec le réel. C'est cette prise de conscience de plus en plus juste, profonde et subtile de la nature de la vie qui engendre l'évolution.

Nous parlons de la vraie conscience qui vient naturellement dans l'évolution globale de l'être et non pas de ces volontés d'évolution qui prétendent faire taire le mental, ou maitriser la vie, alors qu'elles ne font que la conditionner et ne peuvent découvrir au final que ce qu'elle amène !

Plus la vraie conscience se développe et plus l'humain retrouve l'osmose avec la vie. Alors c'est l'avènement « naturel » de l'amour de la vie et des vivants qui s'installe !

Ce point est capital pour tendre vers ce monde meilleur que nous souhaitons, car aucun monde ne pourra réellement s'améliorer, s'il ne repose pas sur le développement de la conscience de chacun !

C'est ce développement de la conscience, qui engendrera de meilleurs comportements, plus de bien-être pour chacun, moins de rapport de force et finalement de plus en plus d'amour.

L'augmentation de la conscience ne nous fait pas devenir supérieur ; mais elle change nos comportements. Elle nous permet de voir la réalité de manière plus juste, de voir les choses et les actes dans toutes leurs implications, de rentrer dans leur profondeur et d'aborder de manière juste les domaines plus subtils de la vie.

Aujourd'hui, l'évolution technique qui n'est pas couplée avec une évolution humaine, engendre une situation où l'humain est en train d'abîmer son milieu et à terme, peut compromettre sa propre survie. Avec ses grandes capacités, l'humain a développé des outils très sophistiqués, mais ces outils sont au service d'un monde infantile, dominé par des forces qu'il ne maîtrise pas, mais qui ne se maîtrise pas elle-même !

Le problème ce n'est pas l'outil ou la capacité, mais le manque de conscience d'un monde infantile, qui ne peut évoluer en se basant sur des illusions ou des mensonges.

La vie a un dessein

La vie est un phénomène extraordinaire, que les religions ont contribué à rendre incompréhensible avec leurs explications en contradiction avec la science et souvent avec le simple « bon sens ».

Pourtant, en sortant des conditionnements et des croyances, on commence à mieux comprendre cette vie qui paraissait très mystérieuse.

Il y a toute cette intelligence qui imprègne l'organisation de la matière et l'ensemble du vivant ; il y a en nous ces programmes qui nous influencent et nous guident ; il y a, différent en chacun, ce potentiel qui en s'épanouissant nous permet d'évoluer, nous rend plus heureux et correspond à l'intérêt général ; il y a cette conscience qui progressivement nous transforme en vrais humains et il y a l'amour qui apparaît de lui-même quand la vie peut se manifester sans retenue !

Avec un peu de bons sens et devant toutes ces données qui constituent un tout, où l'intelligence est manifeste, on peut imaginer que la vie a un dessein.

La vie de plus en plus complexe, dans un tout interdépendant, avec comme point culminant la prise de conscience, qui de manière naturelle amène l'amour.

La vie c'est sûr a un dessein et nous devons nous réintégrer dans ce dessein en épousant les lois de la vie au lieu de les refuser ! Cela ne veut pas dire refuser l'évolution technique ; car cette évolution, menée par des êtres plus conscients, se mettra de plus en plus au service de la vie, au lieu de la combattre !

En sortant des imaginaires religieux qui n'ont servi qu'à nous asservir, découvrons ce dessein extraordinaire de beauté et d'intelligence, où nous avons notre place !

Découvrons une spiritualité libératrice, sans culpabilité, sans jugement, juste une rencontre personnelle avec la vie à un niveau plus subtil !

Nous avons vu tous ces domaines, qui empêchent d'évoluer vers un monde meilleur ; mais nous voyons aussi que chaque point peut être corrigé, qu'il est de notre intérêt de le corriger et nous voyons donc bien qu'un monde meilleur est possible !

Certains vont penser, il reste encore beaucoup de chemin... c'est vrai... mais il ne faut pas voir la situation de cette manière car il ne s'agit pas d'atteindre un but, mais de s'engager sur la bonne route.

Le but n'est donc pas d'atteindre une certaine situation, mais de s'engager sur le bon chemin et de l'affiner toujours plus !

En ouvrant les yeux, chacun comprendra qu'il en va de son propre intérêt et alors les choses peuvent évoluer assez vite !...

Ce serait quoi un monde meilleur ?

Il ne s'agit pas d'espérer construire un monde sans problèmes, car il serait irréaliste. Au fur et à mesure que des problèmes seront résolus, d'autres se présenteront à un autre niveau. Avoir à solutionner des problèmes fait partie de la vie ; il y en aura toujours et tant qu'ils sont à notre mesure, il y a même un certain plaisir à les résoudre. De plus, le fait d'en solutionner certains, développe notre capacité à en résoudre des plus gros !

Le monde que nous souhaitons aura donc quand même des problèmes ; mais ils évolueront dans leur nature, car les plus élémentaires disparaîtront d'eux-mêmes et il y en aura d'autres, qui à leur tour nous apparaîtront inacceptables et qui progressivement disparaîtront à leur tour.

Cela fera apparaître un monde en évolution, cela permettra de sortir de ce monde infantile, bloqué, qui va à sa perte et cela fera apparaître à la place un monde adulte, évoluant vers toujours plus de conscience !

Il ne s'agira pas non plus d'un monde automatisé où les humains seraient comme des robots, car ce monde lui aussi engendrerait lui-même ces propres problèmes. A l'intérieur de ces humains robotisés, il y aura toujours de vrais humains, animés par la vie et qui auront donc leurs attentes d'humains. Peut-être n'en auront ils même pas conscience et alors ce sera encore pire, car ils ne pourront apporter de bonnes réponses aux malaises qu'ils ressentiront.

Certains pensent, « mais s'ils sont heureux comme ça ! ». C'est encore un point essentiel à comprendre ; ils ne peuvent être heureux comme ça. De la même manière qu'un lion ne peut être heureux dans une cage, car lui, il est fait pour vivre une vie de lion, dans la nature et nous, pour vivre une vie d'humain, dans une société où nous pouvons nous épanouir !

Un monde meilleur ne viendra pas plus d'une démarche utopique ; car par nature l'utopie ne peut se réaliser et débouche donc à chaque fois sur la déception. L'utopie est le privilège de ceux qui ne veulent pas affronter la réalité et proposent à la place des réponses faciles qui ne leur coûtent pas cher.

Certains vont dire, il y a des démarches qui paraissaient utopiques et qui pourtant se sont réalisées ; mais le simple bon sens nous oblige à répondre « si elles se sont réalisées c'est qu'elles n'étaient pas utopiques ». Elles pouvaient le paraitre à certains, surtout à ceux qui ne voient pas clair, mais elles ne l'étaient pas !

Beaucoup de gens pensent, que chacun ayant son idée sur ce que devrait être un monde meilleur, il parait impossible d'avoir une réponse qui soit profitable pour tout le monde. Nous touchons là encore une idée fausse !

Au fond nous ne sommes pas si différents les uns des autres et même si nous n'en avons pas toujours conscience, les grands schémas qui guident notre vie sont les mêmes.

Nous sommes là pour vivre notre vie ; aimer et être aimé et épanouir notre potentiel.

C'est le sens de notre vie et c'est cela qui nous donnera un bien-être profond et durable.

Le recours à l'utopie ou à d'autres mondes imaginaires est le signe d'une incompréhension de la réalité ; car la vie qu'il nous faut, nous l'avons déjà et il nous faut juste comprendre et respecter son fonctionnement.

Ce monde meilleur viendra de lui-même au fur et à mesure que chacun enlèvera les croyances et les conditionnements qui empêchent de bien vivre la vie ! Il viendra quand nous chercherons à être nous-mêmes, au lieu d'essayer de devenir le personnage psychologique que nous avons construit. Quand nous pourrons épanouir ce que potentiellement nous sommes déjà.

Il viendra ainsi quand la vie sera libre d'accomplir son dessein !

Ce monde meilleur sera le résultat de ce que nous serons nous-mêmes et plus nous prenons conscience, plus nous nous épanouissons, plus nous participons à le construire !

Bien sûr « prendre conscience » ne peut être que prendre conscience du réel, « vivre » ne peut être que vivre la vraie vie. Les croyances et les imaginations n'ont pas d'autre consistance qu'une accumulation de pensées dans notre mental et pourtant elles nous éloignent de notre chemin ! Ceci est d'une extrême importance, car un monde meilleur ne pourra être qu'un monde adulte qui regardant les choses comme elles sont, pourra ainsi comprendre où est son véritable intérêt de «vivant»!

Un monde, sans illusions ni blocages, réconcilié avec la vie, poursuivant son évolution technique ; mais de manière qui ne soit pas au détriment de la Terre ou de l'évolution psychologique et spirituelle des individus!

Ce monde, basé sur des individus cherchant à «être» plus, au lieu de chercher à **paraître** plus et à **avoir** toujours plus ; ce monde sortira naturellement du monde animal, basé sur les rapports de force, pour s'engager vers un monde de plus en plus humain.

Comme nous l'avons dit, c'est un monde où les femmes pourront être de vraies femmes sans se mettre en danger et au contraire pourront apporter leur force féminine aussi importante que la force masculine. La vie est bien faite ; ces deux forces sont indispensables pour s'équilibrer réciproquement et nous avons là une des clefs des difficultés du monde actuel, basé principalement sur les valeurs masculines. Un monde basé uniquement sur des valeurs féminines ne serait pas meilleur ; les problèmes seraient différents mais il y en aurait d'autres. Ces deux forces sont faites pour se compléter, pour s'aimer et aucune des deux ne peut tout à fait s'équilibrer sans l'autre.

Dans ce monde-là, les policiers seront moins utiles car il y aura de meilleurs comportements, chacun sera plus riche parce qu'il achètera seulement ce qui lui est nécessaire, chacun sera plus heureux parce qu'il pourra être lui-même.

Dans un monde sorti des rapports de forces ; les doux, les poètes et tous les autres pourrons apporter chacun leur note particulière, nécessaire à l'harmonie du grand concert de la vie.

Par un enchaînement de causes et d'effets, le monde meilleur viendra naturellement quand nous aurons réellement compris ce que veut dire « être » et que nous en ferons notre premier objectif. Être, c'est être réellement nous-mêmes et cela nous met naturellement en harmonie avec la vie, avec l'univers et avec les autres, intégré à notre place dans le grand mouvement de la vie qui va vers son dessein !

Le vrai carburant de « l'être », la vraie motivation de la vie, même pour celui qui ne le sait pas, c'est l'amour, car nous sommes faits pour aimer et être aimé.

Concrètement que faut-il faire ?

1. Pour chacun ; développer son discernement, pour être sûr de se baser sur des informations justes pour analyser une situation ! C'est très important pour notre propre vie, mais aussi dans nos rapports avec les autres et avec la société. Pour cela, nous devons enlever le plus possible nos conditionnements et sortir de toutes formes de croyances. Le simple « bon sens » devrait pour chacun, faire une priorité de voir les choses comme elles sont !

Ce travail installera une confiance dans notre pensée et cette pensée sera de plus en plus en accord avec notre ressenti ! « L'être » pourra s'exprimer de manière de plus en plus juste, libérer son potentiel et s'ouvrir à toutes ses richesses.

2. Il s'agit ensuite de baser l'éducation des enfants, sur l'épanouissement, à la maison ou à l'école. Le rôle des parents ou des éducateurs consiste surtout à aider l'enfant à se connaitre, à prendre confiance en lui, à oser être lui-même. L'énergie de la vie qui tend à s'exprimer en lui fera le reste, car naturellement l'enfant aime apprendre, découvrir la vie. Bien sûr il faut lui proposer un cadre et une pédagogie, mais ce cadre et cette pédagogie, doivent agir comme des guides ; ils doivent épouser l'épanouissement de l'enfant et non pas chercher à le formater.

3. Nous devons aussi mettre notre façon de vivre, le plus possible en accord avec la vie ; notre manière d'être en accord avec notre manière de penser ; nos actes en accord avec nos idées ! Nos actes et nos pensées sont le prolongement de nous-mêmes et « être » c'est faire des actes et avoir des pensées !

4. Au lieu de « l'avoir » et du « paraitre », nous devons privilégier « l'être », car vivre c'est « être ». L'avoir n'est pas un problème s'il est au service d'un mieux vivre, mais un « mieux vivre » qui a compris la vie. Le paraitre lui, est un empêchement à l'évolution et il est négatif car il envoie

un message implicite à l'être, « tu n'es pas comme il faut, ou tu n'es pas assez, puisque j'essaie de me montrer diffèrent ou plus ».

5. Nous devons impérativement essayer de guérir les cicatrices de la vie car elles nous empêchent de bien la rencontrer et à la fois nous devons être bien conscient que la vie est dans le présent. Le passé a laissé des traces, mais ces traces n'ont que l'importance que nous leur donnons ! Ce que nous sommes réellement n'est pas sali, car ce n'est pas salissable. C'est encore un point d'une extrême importance ; l'être n'a pas à être nettoyé, purifié ou quoi que ce soit d'autre... il « est » et ce qu'il y a à faire doit consister à enlever ce qui l'empêche d'être et ce qu'il n'est pas !

6. Il nous faut aussi nous engager, pour participer à l'avènement de ce monde meilleur que nous souhaitons. Chacun doit le faire avec ses moyens, ses compétences, mais faire sa part ! Il ne s'agit pas de vouloir sauver le monde à nous seul, mais de participer ! Nous devons être conscient que notre « développement personnel » sera très limité s'il n'intègre pas cette dimension, car nous faisons partie de ce milieu et nous avons notre part de responsabilité dans ce qu'il est ! Que nous en ayons conscience ou pas, il y a quelque chose en nous qui a besoin que notre démarche soit juste aussi à ce niveau ! Regroupons-nous, échangeons, agissons, pour commencer dès maintenant à créer le nouveau

monde, au milieu de l'autre ! L'ancien monde disparaitra progressivement, quand il ne sera plus nourri par l'obscurantisme et les illusions ! Prenons conscience que ce nouveau monde sera plus fort que l'ancien, parce qu'il sera en accord avec la vie. Chaque enfant est une vie neuve, une vie en attente des conditions les plus favorables à son épanouissement.

Une nouvelle philosophie

Cette démarche est en quelque sorte, une nouvelle philosophie. De grands penseurs ont déjà fait du chemin vers cette compréhension ; ceux qui ont eu le courage de sortir des sentiers battus, qui ont eu le courage de regarder la réalité en face. Pourtant, au risque d'apparaître prétentieux, nous pouvons dire que cette nouvelle philosophie fait un pas de plus, en débouchant sur un « tout » cohérent !

Un nouveau pas, parce qu'elle intègre la vie, dans ses différentes dimensions indissociables, physiques, psychiques et spirituelles.

Un nouveau pas, parce qu'en se basant sur l'épanouissement au lieu de se baser sur l'éducation, elle permet à chacun de réaliser sa vie et de s'intégrer dans le grand mouvement de la vie qui va vers la conscience !

Un nouveau pas, parce que nous avons compris que les problèmes ne viennent pas de la nature humaine, mais du fait que cette nature ne peut pas s'exprimer !

Un nouveau pas, parce qu'elle place la volonté de voir les choses comme elles sont, la réalité comme elle est et quelle qu'elle soit, au-dessus de tout autre considération !

Le texte ci-dessous reprend les grandes lignes de cette nouvelle philosophie, mais pour en saisir l'importance il est indispensable de bien analyser ce qu'implique chaque phrase.

Loin des promesses de paradis ou de nirvana pour un futur éventuel, c'est la réalisation ici et maintenant, du potentiel de chacun, comme intérêt primordial de l'individu, comme base indispensable pour une société harmonieuse et comme participation à l'évolution humaine !

Cette réalisation individuelle, comme chemin d'évolution pour chacun, non plus par la maîtrise ou la discipline, mais par l'épanouissement !

C'est une nouvelle image de la vie par une réconciliation avec la joie de vivre en respectant les forces qui tendent à s'exprimer en nous !

C'est la compréhension que la vie est une énergie qui doit s'exprimer chez chacun à travers un potentiel particulier et que ce sont les freins à cette expression particulière qui empêchent une bonne construction psychologique, parfois physique et engendre les dérèglements et les mauvais comportements.

C'est la compréhension que l'être humain n'est au départ ni bon, ni méchant, mais simplement qu'il est là pour vivre et que s'il est accueilli, respecté, aimé, alors il peut s'épanouir, devenir réellement adulte, vivre à sa mesure et que dans ce cas, il le fait « naturellement », en harmonie avec les autres.

C'est le respect de l'expression de la vie qui engendre naturellement l'harmonie, *car l'énergie de la vie qui n'est pas utilisée à son bon usage, crée le sentiment de manque, de frustration, le manque de vraie vie et en réaction pousse à des attitudes excessives, à la convoitise, à l'accumulation des possessions et à l'agressivité.*

En sortant du paraître et de la compétition, en sortant de toute comparaison avec les autres, en quittant même cette volonté d'être important ou évolué, c'est la rencontre avec la liberté, par le seul désir… de bien « être » soi-même !

C'est un sentiment de plénitude par la réalisation de notre potentiel… et à notre dernier jour… la paix, par la conscience d'avoir vécu notre vie… et certainement l'intuition d'une suite !

C'est une réconciliation entre la science et une spiritualité adulte, par le déconditionnement, à la fois du religieux et des blocages de beaucoup de scientifiques, pour s'ouvrir, sans à priori sur la réalité, concrète et subtile et pouvoir ainsi la rencontrer de manière juste !

Une réconciliation entre la psychologie et le développement personnel par l'abandon des notions de péché, de purification, de négation de nos aspirations naturelles, pour retrouver le plaisir de vivre !

C'est la paix, par une réconciliation de l'humain avec lui-même, par le respect et la reconnaissance des forces de vie qui l'animent et par une concordance entre son intérêt et l'intérêt collectif.

C'est un monde équilibré, parce qu'en respectant l'expression naturelle de la vie, les femmes et les valeurs féminines peuvent prendre leur vraie place, différente, mais aussi importante que celle des hommes et des valeurs masculines !

C'est une société de plus en plus harmonieuse, parce qu'en prenant en compte les vraies raisons de fond qui occasionnent les réactions humaines, elle peut trouver de vraies solutions ! L'être humain est poussé par une seule énergie, celle du besoin d'exprimer la vie ; mais malheureusement un enchevêtrement de croyances, de conditionnements et de traumatismes psychologiques l'empêche de pouvoir réellement le faire ; alors chacun réagit comme il peut ! Ce n'est pas la vie qui est en cause, mais une manière de vivre qui ne permet pas l'épanouissement !

Cette nouvelle philosophie est une démarche solide, parce qu'elle n'est pas une nouvelle construction mentale ; mais une réconciliation avec les lois de la vie que tout le monde peut vérifier par lui-même !

C'est une démarche adulte parce qu'elle ne se fonde pas sur des illusions ou des croyances, mais au contraire, cherche à toujours mieux comprendre la réalité avec cet esprit libre, qui permet de retrouver la cohérence entre la science, la psychologie et la spiritualité et ainsi mieux comprendre notre place dans le tout ! Un esprit libre qui est la porte impérative vers la véritable intelligence.

C'est une nouvelle dimension de l'être, participant en conscience à son évolution en s'intégrant dans l'évolution de la vie !

Un monde meilleur est possible

Alors oui, un monde meilleur est possible si nous osons sortir de tous les obscurantismes, pour nous ouvrir à la vie, en humain adulte !

Tous ceux qui se contentent d'histoires, n'ayant historiquement qu'une faible part de réalité vérifiée, participent à cet obscurantisme ! C'est le cas pour toutes les religions, qui ont pu avoir une utilité dans le cadre qu'elles apportaient à un monde balbutiant ; mais qui ont toujours été récupérées par les puissants pour en faire un instrument de domination et ainsi ont empêché ce même monde d'évoluer en l'éloignant de la réalité !

Un monde meilleur est possible, mais sera possible seulement celui qui respectera la vie et qui en comprendra le fonctionnement dans tous ses aspects ; car tous les autres engendreront des réactions les menant à leur perte.

Le monde actuel se dégrade, au niveau de la violence, au niveau écologique et au niveau de la différence entre les riches et les pauvres ; mais nous devons avoir conscience de participer à cette dégradation, si nous refusons d'ouvrir les yeux pour comprendre la vie telle qu'elle est !

La vie est bien faite, elle est d'une extrême intelligence et d'une formidable beauté. Nous faisons partie de cette vie et nous sommes faits pour y être heureux, si nous la respectons, en nous et autour de nous !

Vous pensez… si ce n'était pas plus difficile, voire impossible… les gens intelligents l'auraient déjà proposé !… Le problème, c'est que les solutions ne peuvent être imaginées avec seulement de l'intelligence ; il faut aussi et surtout un autre état d'esprit, une autre manière de penser !

La différence n'est pas évidente à saisir et pourtant elle est essentielle.

Ces gens intelligents, ou les autres, réfléchissent en général avec sincérité, mais trop souvent avec des conditionnements et des croyances qui les empêchent de vraiment saisir la réalité humaine !

Ceux que nous appelons « des gens intelligents » sont souvent des gens très performants dans leur domaine ; des gens qui ont accumulé beaucoup d'informations dans leur mémoire ; mais qui ne sont pas toujours capables d'appréhender la vie, en même temps dans ses différentes dimensions : physique, physiologique, psychologique et spirituelle ; dimensions qui sont interactives entre elles !

Beaucoup de grands philosophes ont développé des réflexions profondes, dont certaines sont très positives et il ne s'agit pas de nous estimer supérieurs. Notre pensée s'est construire aussi grâce au beau travail qu'ils ont fait, mais la pensée évolue, la liberté d'esprit évolue, et la question de supériorité ou d'infériorité, n'a aucun intérêt.

Les philosophes d'aujourd'hui devraient trouver des solutions ; mais malheureusement ils restent en général, eux aussi, à l'intérieur d'une manière de penser sans imagination. Leur but est surtout d'être connus, d'être importants et de vendre des livres, mais très peu ont cette modestie et cette liberté d'esprit, nécessaires pour comprendre les raisons de fond des difficultés.

Cette compréhension exige d'abord d'être prêt à remettre en cause ses propres idées et ses propres écrits, si leur véracité n'était pas prouvée ; d'être prêt éventuellement à remettre en cause ses propres comportements.

Si cette société ne trouve pas de solutions, d'une manière générale c'est d'abord parce que, ceux qui tirent profit ou honneur du monde actuel, ne souhaitent pas réellement le voir changer. Ces gens disent de jolies phrases ; certains essaient même d'améliorer un peu les choses, mais soutenus souvent par ceux qui ont un minimum de confort et par tous ceux auxquels un changement fait peur, ils cherchent des solutions à condition que cela ne touche pas à leurs privilèges et à l'ordre établi !

Si les choses ne s'améliorent pas c'est aussi à cause des utopistes qui n'ayant pas le courage de regarder la réalité en face, imaginent des solutions irréalistes, mais faciles à comprendre et se complaisent dans l'opposition critique à ceux qui affrontent les vrais problèmes.

Vous vous dites, « moi je connais pas mal de gens généreux, qui essaient d'améliorer ce monde, avec beaucoup de sincérité et d'abnégation. » C'est vrai, mais malheureusement l'efficacité de leur action ; qui est indispensable, est quand même très relative car elle se situe à l'intérieur d'un système qui crée lui-même les problèmes que ces actions veulent solutionner !

Si le monde continue de se dégrader, c'est que les réponses apportées ne sont pas adaptées. Elles ne sont pas adaptées, à cause d'un manque de volonté ou un manque de conscience pour regarder la réalité comme elle est ; mais aussi comme nous l'avons dit, parce que les solutions se trouvent hors du cadre de la pensée habituelle.

Pour comprendre ces raisons de fond, il est nécessaire d'avoir un esprit libre, capable de remettre en cause si nécessaire, des affirmations habituellement admises, si elles s'avèrent erronées. Cela parait évident et pourtant cette liberté d'esprit est très rare et ceux qui en sont dépourvus, n'en ont aucune conscience.

Une grande intelligence

Nous avons étudié le fonctionnement de la vie et nous avons compris comment un monde meilleur est possible en respectant ce fonctionnement ; mais nous sommes obligés de constater qu'il y a obligatoirement une grande intelligence dans toute cette organisation.

Alors bien sûr on est amené à se poser cette question… c'est quoi cette grande intelligence.

Nous avons la soif de comprendre la réalité, quelle qu'elle soit, et il est donc difficile de ne pas creuser encore un peu plus loin. Nous avons essayé de mieux comprendre ; mais ce fonctionnement, toute cette organisation, ces programmes en nous ; toute cette intelligence et cette beauté de la vie, est ce qu'il n'y a pas encore une autre dimension à prendre en compte ?

Il faut franchir le pas, est ce qu'il n'y aurait pas une dimension spirituelle de la vie ?

Au lieu de nous éclairer sur ce point, les religions nous ont conditionné pour voir dans cette « intelligence » un personnage que nous devons craindre, juge de tous nos actes et qui nous enverrait au paradis ou en enfer, suivant notre comportement.

Si nous sortons de ce conditionnement et en étudiant la description du personnage faite par les religions, nous voyons beaucoup d'incohérence et surtout aucune preuve scientifique ou historique de ce qui est avancé.

Du coup, devant ces propos irréalistes, les scientifiques

en ont un peu trop vite déduit qu'il n'y avait rien, que tout c'était produit par hasard.

Pour nous qui fuyons les obscurantistes de tous bords, nous devons avoir une démarche adulte et nous faire notre propre idée sur cette affaire !

Cela veut dire observer les éléments en notre possession, sans aucun apriori, mais aussi sans blocage, pour avoir une idée construite sur des faits, des certitudes, des éléments indiscutables.

Bien sûr, ceux qui sont pour ou contre à priori, ne seront toujours pas d'accord ; mais sans vouloir être méprisant, ils n'ont pas leur place dans une réflexion réellement « adulte ». Comment en être encore là, dans un monde qui se pense très évolué !

On doit étudier, observer l'univers, la matière, la vie, l'amour ; on doit utiliser la science, la psychologie, toutes les disciplines qui peuvent être utiles, mais aussi le « bon sens » et alors seulement on se fait une idée... mais surtout pas avant.

Bien sûr, notre recherche ne peut se baser sur des « croyances ».

Les croyances sont par nature des informations dont nous n'avons aucune preuve et dans un monde adulte, nous n'avons aucune raison de « croire » une chose plutôt qu'une autre. Nous ne devons pas non plus nous baser sur des livres religieux, car l'étude historiques nous démontre que les faits décrits sont visiblement romancés et même parfois inventés de toutes pièces !

Cela peut paraître évident et pourtant, ceux qui veulent prouver l'absence de toute réalité spirituelle, se réfère toujours pour les contredire, à des affirmations de la Bible. Soyons raisonnable ; l'entité décrite par les religions, ne parait pas du tout cohérente, mais cela ne prouve pas qu'il n'y ait pas autre chose.

A la fois infiniment bon, tout amour et à la fois juge sévère envoyant des gens rôtir en enfer jusqu'à la fin des temps ; cela ne parait pas logique. A la fois tout puissant et pourtant mis en échec pas le diable, un ancien ange révolté ; comment peut-on encore à notre époque, croire à des choses aussi infantiles. Il y a beaucoup d'autres affirmations du même genre qu'il est sain de remettre en cause, car elles ne peuvent correspondre à la réalité ; mais cela ne veut pas dire qu'il n'y a pas une force, quelque chose qui soit à l'origine du monde.

Sortons des approches infantiles, des à prioris, des préjugés et insistons pour bien clarifier notre démarche ; nous ne cherchons pas Dieu et surtout pas le Dieu dont nous ont parlé les religions ; nous voulons savoir s'il y a « quelque chose » à l'origine de l'univers et de la vie ?

Aujourd'hui, c'est une question presque tabou pour certains ou tout à fait secondaire pour d'autres ! Pourtant, dans une démarche pour comprendre la vie, il n'est pas possible d'éviter cette question : « *sommes-nous dans un univers vide, ou y a-t-il une force, quelque chose derrière tout ça ?* »

Pour espérer découvrir ou entrevoir ce « quelque chose »

éventuel, il est impératif de se débarrasser justement de tous les conditionnements sur le Dieu des religions ?

Nous ne savons pas s'il y a... et s'il y a, nous ne savons pas ce que c'est ?

Alors... aucune idée... aucune pensée favorable ou négative...

... Infiniment bon ! Amour ! Tout puissant... non, non... rien !

Nous devons partir sans aucun a priori ; autrement nous risquons de penser qu'il n'y a rien, parce que nous ne trouvons pas ce que nous cherchons ! S'il y a quelque chose, cela n'a peut-être aucun rapport avec ce que l'on nous a raconté ou ce que nous pouvons imaginer !

Notre démarche, si elle n'est peut-être pas en accord avec tous les scientifiques, doit impérativement être en accord avec la science elle-même.

Alors... la question... c'est oui... C'est non ?... Ou c'est peut-être ?

Un monde organisé

Ce monde extraordinairement complexe est organisé ! Ce seul fait indiscutable est déjà troublant !

La matière est construite avec des atomes et les atomes avec des particules encore plus petites, chaque élément est constitué différemment ; mais fait partie d'un ensemble très complexe ou tout est interdépendant et complémentaire ; il s'agit bien d'une construction !

Pour que la vie s'organise, pour qu'elle s'adapte, il faut de l'intelligence. Les scientifiques nous ont dit que la vie était apparue dans l'eau par une réaction chimique ; mais une réaction chimique ne peut devenir intelligente !

Il nous parait naturel que la vie soit intelligente, mais si elle était apparue par une réaction chimique, comment aurait-elle pu avoir un comportement intelligent dès le départ ?

Les éléments ont des propriétés, par exemple l'acide va dissoudre le calcaire ; mais il ne va rien construire ou organiser. Scientifiquement, il n'y a aucune possibilité pour que les éléments s'organisent intelligemment tout seul !

Nous devons vraiment sortir de nos conditionnements, de nos réactions et ouvrir les yeux sur ce qui est !

L'ordre ne peut naître du hasard. Tout de suite on est obligé d'admettre qu'il ne peut y avoir d'organisation sans organisateur. De construction, sans constructeur, d'évolution et d'adaptation cohérentes sans intelligence.

Déjà, si nous n'avons pas de blocages, nous sommes obligés de constater l'évidence : nous ne savons pas ce qu'il y a ; mais il y a obligatoirement quelque chose.

Bien sûr, rappelons que cela ne prouve pas l'existence du Dieu dont on nous a parlé.

Quand nous envisageons ce « quelque chose », il est très

difficile de ne pas y mettre inconsciemment des notions enseignées par les religions ; mais surtout gardons l'esprit libre !

Ouvrons simplement les yeux !

Nous allons voir qu'il y a beaucoup d'autres éléments indiscutables qui apportent la preuve de l'existence de quelque chose d'intelligent à l'origine de l'univers et de la vie.

La théorie de l'évolution explique que la vie évolue par la sélection du plus adapté.

Étant donné que les premiers êtres ne voyaient pas ; comment dans un monde où la vue n'existait pas, ni même l'idée de voir ; comment l'œil a-t-il pu apparaître ?

Ce n'est pas une pâte qui après des milliers d'années s'est transformée en aile ; c'est l'apparition d'un organe nouveau, extrêmement complexe, en relation avec le cerveau ! Les informations s'inscrivent à l'envers sur la rétine, elles sont envoyées au cerveau qui redresse l'image et l'interprète. Une cellule ne voit pas et pourtant, pour que l'œil remplisse sa fonction, il a fallu que les millions de cellules qui le composent reçoivent chacune les informations différentes et complémentaires, leur permettant de remplir leur rôle d'après un plan d'ensemble !... Qui a envoyé les informations et qui a conçu le plan ?

Nous connaissons les odeurs parce que nous avons un organe pour les percevoir, mais de nouveau, qu'elle adaptation a pu créer un organe pour percevoir un élément aussi abstrait et dont on ne pouvait soupçonner l'existence ?

Vraiment, il faut être complètement « aveugle » ; aveugle comme celui qui ne veut pas voir, pour penser qu'une chose pareille puisse apparaître par hasard, sans qu'un ingénieur l'ait imaginé !

On nous dit, en multipliant l'événement des milliards de fois, les choses finissent par se produire ; pourtant il n'y a aucune raison pour que cela aboutisse à une construction organisée.

Tout ce qui est vivant a en lui un programme, l'ADN, qui en définit les caractéristiques et lui transmet les informations nécessaires pour se développer et remplir son rôle. Qui conçoit l'ADN, qui a réalisé le premier ADN du premier organisme vivant, qui a introduit l'ADN dans chaque cellule et comment tout cela abouti à un organisme bien précis, d'une extrême complexité ?

L'évidence est là !

Comme nous l'avons vu, il est évident qu'il y a quelque chose !...

Il ne s'agit pas d'y croire pour nous rassurer... Nous devons avoir un comportement « adulte », il ne s'agit pas de croire ; mais de savoir que c'est vrai, parce que ça ne peut pas être autrement.

Mais alors, comment se fait-il que de nombreux scientifiques ne l'admettent pas ?

Pour le comprendre, nous devons revenir en arrière, à une époque où les religions prétendaient apporter toutes les réponses et ou certains scientifiques se sont aperçus que ces réponses étaient souvent irréalistes.

Pour garder leur pouvoir, les religieux ont combattu très durement, ceux qui remettaient en cause leurs affirmations et il en a découlé un divorce entre ceux qui « croyaient » sans aucune preuve et ceux qui voulaient comprendre.

On a beaucoup brûlé, persécuté, excommunié et par la même, créé une opposition entre la soif de comprendre et un Dieu qui serait obscurantiste !

« Heureux les pauvres d'esprit, le royaume des cieux est à eux ! »

A l'époque on confondait le religieux et le spirituel et du coup les scientifiques, en rejetant le religieux, ses dogmes et ses légendes ont rejeté aussi une éventuelle dimension spirituelle de la vie humaine !

Aujourd'hui, il est nécessaire de sortir des conditionnements qui se sont installés de part et d'autre ; car les obscurantistes sont maintenant dans les deux camps. Pour s'en persuader, il suffit comme nous l'avons fait, de chercher les explications sur l'origine de la vie ; aucune réponse cohérente n'est proposée par les scientifiques ! Ils ont sauté sur la théorie de Darwin, moins pour sa cohérence qu'ils n'ont jamais cherché à approfondir, que pour la possibilité qu'elle prétendait offrir de se passer d'un créateur.

On peut comprendre des différences d'appréciation par rapport à un évènement, mais il est difficile d'admettre l'incohérence chez des gens dont la logique est normalement l'outil principal ! Il est évident qu'il y a de leur part, un blocage philosophique.

Pour beaucoup d'entre eux, un esprit scientifique ne peut se compromettre avec la spiritualité !

Si nous voulons comprendre, autant il est important de se baser sur des certitudes, sortir des croyances ; autant il est tout aussi important de ne refuser aucune évidence. L'extrême complexité et en même temps l'interdépendance des différents éléments de la vie ; ne peuvent être que le fruit de l'intelligence.

Si j'arrive dans un endroit et que je vois une maison construite, même si je n'ai jamais vu son constructeur, je peux affirmer qu'il y en a un !

Quand on observe la complexité des organismes vivants, on devrait de la même façon admettre qu'il y a obligatoirement « un constructeur ».

Une énergie intelligente !

Nous pouvons affirmer qu'il y a « une » énergie qui permet à la vie de se développer ; mais nous pouvons affirmer aussi qu'il y a obligatoirement de l'intelligence, pour que ce développement soit cohérent.

Nous avons vu, par exemple, que la théorie de l'évolution, qui est prouvée dans certains cas, ne suffit pas à expliquer l'apparition d'organes sophistiqués comme la vue, mais c'est aussi le cas pour l'ouïe, l'odorat, le premier estomac et tous les autres organes.

Comment dans un monde qui n'entendait pas... comment construire une machine capable de capter et d'interpréter des odeurs... comment... comment... ?

Si on admet une évolution, la vie a quand même fait des prouesses de bons sens, d'imagination et d'intelligence pour solutionner tous les problèmes, engendrés par sa marche vers la complexité.

Par rapport à cette théorie de l'évolution... qu'est ce qui est apparu en premier, l'homme ou la femme, le male ou la femelle ; alors qu'aucun des deux ne peut exister sans l'autre ? Leurs sexes différents et complémentaires, n'ont pu se précéder l'un à l'autre !

La fleur ou l'abeille : les fleurs n'ont pu exister sans les abeilles pour les polliniser et les abeilles sans fleurs pour se nourrir ?

Le sang ou le cœur en premier ?

Tous les organes qui constituent notre corps ont été indispensables simultanément dès le départ. Le tout premier mammifère devait déjà être guidé par son ADN, avoir un système immunitaire et avoir déjà toutes les fonctions complémentaires sophistiquées qui lui permette de survivre.

Nous nous sommes laissés influencer par les scientifiques qui nous ont fait apprendre à l'école une théorie, comme s'il s'agissait d'une vérité prouvée. Pourtant le simple « bon sens » nous montre que la théorie de Darwin, qui est par beaucoup de points incohérente, n'apporte pas de vraies preuves et surtout n'apporte aucune explication sur l'intelligence de la vie.

Cette intelligence de la vie est tellement partout dans l'univers, mais partout aussi autour de nous ; en nous, qu'elle nous paraît naturelle ; pourtant, elle n'a pas pu apparaître par génération spontanée ! Les cailloux du chemin obéissent à des lois physiques cohérentes, mais ils n'ont pas d'intelligence propre, ni de capacité d'adaptation et il est peu probable qu'ils puissent se doter de ces facultés, même dans un milliard d'années.

Une simple cellule est déjà en soi une organisation ou l'intelligence est manifeste... mais comment la première cellule a-t-elle fait pour se dédoubler ? Il a fallu qu'elle fabrique à partir d'elle-même, une chose vivante, à la fois identique et capable de s'adapter pour devenir différente si nécessaire ! Scientifiquement on sait qu'elle obéit à un programme, qui lui permet cette faculté, mais il n'est pas contestable qu'il a fallu de l'intelligence pour créer ce programme, pour qu'elle l'ait en elle-même et qu'elle lui obéisse ! Comment la première forme de vie a t'elle pu se nourrir sans avoir l'équipement pour le faire et rien à pouvoir absorber ?

A l'époque de Darwin, on pensait que la cellule était la brique de la vie, un élément simple ; alors qu'aujourd'hui on en connaît l'extrême complexité. La cellule est une véritable usine, avec un fonctionnement sophistiqué, doté entre autres d'un véhicule, le moteur flagellaire. Ce véhicule, invisible avec un microscope ordinaire, déplace les éléments nécessaires, à l'aide d'un moteur rotatif composé d'une trentaine d'éléments.

Devant une telle technologie, une véritable honnêteté scientifique nous oblige à admettre qu'il y a bien une «Intelligence», derrière tout ça.

Les facultés du cerveau humain sont tellement extraordinaires que nous n'arrivons pas encore à en percer tous les secrets... mais nous n'avons jamais vu un ordinateur, même le plus simple se construire tout seul ?

Imaginons la situation... La vie n'existait pas !... Il n'y avait donc pas de modèle, théoriquement pas de pensée !

Il est déjà inacceptable scientifiquement, que ce qui «est», puisse apparaître à partir de rien ; ou la matière a toujours existé ou elle a été créée. Mais de là à vouloir nous faire avaler que cette matière qui serait apparue un peu «miraculeusement», puisse devenir intelligente toute seule ; c'est sans jeu de mots, de la mauvaise foi !

De quelle nature ?... sous quelle forme ?... c'est une autre affaire, mais il y a obligatoirement quelque chose !

Certains rétorquent, «*s'il y a quelque chose*, comment se fait-il qu'on ne l'aie jamais vu ?»

C'est justement là où beaucoup de personnes se laissent influencer à leur insu !

Le personnage décrit par les religions, c'est vrai ; on ne l'a jamais vu !

Mais « la grande force intelligente » ; comment peut-on affirmer ne l'avoir jamais vu, puisque a priori nous ne savons pas comment elle est ?

Ne restons pas conditionnés par le personnage » majestueux, assis sur un nuage, avec de beaux habits et qui envoie des rayons de lumière.

Nous la voyons peut-être cette force, sans le savoir ?

C'est quoi, cette énergie qui pousse le petit pois à se développer ?

Il était là, sec, il aurait pu y rester un an de plus et puis quand les conditions ont été réunies ; tiens... ? Il a grossi... s'est mis à puiser dans le sol des éléments imperceptibles et le voilà qui a sorti le bout du nez, avec la forme adéquate et la bonne couleur... il s'est lancé pour réaliser sa vie !

Est-ce que ce n'est pas la « grande force » qui l'anime et qui se manifeste ? Qu'est-ce que ça peut être ? Il y a bien quelque chose ! C'est à la fois tellement habituel et en même temps tellement extraordinaire, qu'on n'y fait même pas attention !

Qu'est-ce qui a poussé le spermatozoïde à franchir toutes les difficultés, pour aller féconder l'ovule et après mille miracles en faire une belle personne. Elle est là cette force, partout, elle anime tout ; mais elle est bien trop extraordinaire pour que nous puissions la simplifier en voulant la définir ou la dessiner !

On nous a dit Dieu a fait l'homme à son image ; quelle prétention !

Cette force n'a pas besoin d'avoir des jambes, des pieds et tout le reste ! Cette conception est tellement infantile qu'elle tourne au ridicule !

La vérité, c'est que nous ne savons pas comment elle est cette force et à notre niveau de conscience nous ne pouvons peut-être même pas mettre des mots pour la définir.

Pourtant, nous en voyons bien les manifestations et il est scientifiquement impossible que toutes ces organisations aussi complexes soient le fruit du hasard !

L'énergie de la vie, l'extraordinaire intelligence dans la conception et l'organisation de cette vie ; c'est sûr, si nous n'avons pas de blocages, nous devons nous rendre à l'évidence.

Si on observe un beau visage, une corps bien proportionné, si on regarde une biche dans les bois ou son petit faon ; il est indéniable que l'harmonie des formes est présente autant que la nécessité... comment expliquer l'harmonie ?

En toute objectivité, essayons d'observer de près un Iris. Les couleurs, la disposition des différents éléments ; ils n'ont pas besoin d'être ainsi... on sent bien que c'est la recherche d'harmonie qui prédomine !

Nous avons mille occasions, pour peu que nous ayons les yeux réellement ouverts, de voir une dimension d'esthétique en plus de la prouesse technique.

L'esthétique, l'art, ne peuvent être le fruit du Hasard, ou d'une sélection.

Quand on arrive à sortir des conditionnements, on se demande même comment on peut encore « croire » que tout ce qui nous entoure soit le fruit du hasard ?

La beauté, l'art, l'intelligence, l'intuition, l'amour... tout ça serait arrivé par hasard, à la suite d'une réaction chimique ... mais enfin... nous l'avons déjà dit, jetons des cailloux par terre un milliard de fois, dix milliard de fois... nous ne trouverons pas la moindre organisation et encore moins une maison construite, ou une œuvre d'art !

Mozart ou Léonard de Vinci ?... une réaction chimique et une suite de hasard ?... enfin... nous sentons bien qu'il y a autre chose ?

Sortons du monde infantile, partagé entre les croyants et les négationnistes de l'évidence... Si nous parlons de ce qu'est cette « force », nous pouvons avoir des idées différentes ; mais sur son existence, il n'est pas raisonnable de la contester !

La question à laquelle nous voulons répondre est importante et nous allons donc l'aborder encore d'une autre manière.

L'origine de la vie

Les scientifiques pendant longtemps nous ont dit, et certains l'affirment encore ; « au début il y a eu le Big bang ». Ce serait le début de tout et ensuite tout s'est développé !

Ce Big bang serait le début de l'univers, le début de tout… avant il n'y avait rien !

Il n'y a pas besoin d'être très savant pour comprendre que ce n'est pas possible !

Essayons d'abord les choses avec du « bon sens et de la logique » mais en essayant de ne pas nous embrouiller !

Si avant il n'y avait rien… le vide total… il n'est pas possible qu'il se passe quelque chose… avec rien, une réaction chimique n'est pas possible ni quoi que ce soit d'autre !

Tous les scientifiques sont d'accord pour affirmer « rien ne se perd, rien ne se crée, tout se transforme »… Donc pour qu'il y ait une réaction, une transformation, il faut qu'il y ait quelque chose à transformer !

Donc pour qu'il y ait eu le Big bang, il faut qu'il ait eu quelque chose avant !

Il faut même pour qu'il y ait quelque chose, qu'il y ait toujours eu quelque chose… peut être sous une forme différente… mais pas le vide total !

Il y a donc, à l'origine de tout, quelque chose qui n'a pas été créé, qui ne meurt pas, qui est permanent.

Mais nous, nous sommes là, et sans s'aventurer dans les théories religieuses ; puisque nous sommes là, il faut donc que nous ayons été créées. Pour qu'il y ait une création, il faut qu'il y ait un créateur qui ne soit pas lui-même sujet à création ! Autrement il faudrait le créateur du créateur Cela revient à dire que ce créateur qui n'a pas été créé, qui ne peut mourir ; il est « permanent ».

Tout de suite précisons bien que cela n'a rien à voir avec le personnage dont nous parlent les religions. Nous savons… ce n'est pas une croyance… nous savons qu'il y a quelque chose… quelque chose qui est permanent et dont nous serions une création ou au moins une émanation.

Continuons notre recherche…

Quand on étudie l'infiniment petit… ce qui constitue la vie… à l'intérieur des atomes… on s'aperçoit qu'il n'y a que de l'énergie !…

Quand on casse les particules qui constituent les atomes, on découvre des particules encore plus petites et finalement de l'énergie !

A l'intérieur des atomes, une énergie fait tourner les particules autour du noyau et il semble que cette énergie ne s'use pas ?

D'où vient cette énergie ?… qui l'a créée ?

C'est quoi cette énergie, qui finalement est le constituant de toutes choses… les êtres humains, les animaux, mais aussi les minéraux… même les cailloux du chemin sont constitués de cette énergie… mais elle… cette énergie, qui l'a créée ?

S'il n'y avait rien, le vide total… comment cette énergie aurait pu apparaître un jour… ?

Dans la mesure où avec rien on ne peut faire quelque chose, cette énergie qui constitue tout… cette énergie dont tout est fait… elle-même n'a pas pu être faite avec quelque chose, puisqu'elle est déjà le constituant de cette chose…

Cette énergie n'a donc pas pu être créée... elle a donc toujours existé... il s'agit donc de quelque chose qui ne naît pas... qui ne meurt pas... qui est permanent !

Restons concentré...

Nous avons donc une énergie, qui a toujours existé, qui est le constituant de tout !

Pourtant, s'il s'agissait simplement d'énergie, rien n'aurait été possible... il a fallu qu'elle soit intelligente et consciente !

Pour créer des éléments, ou pour les assembler, il faut déjà avoir conscience qu'ils peuvent l'être... Nous avons donc une énergie nécessairement consciente !

Cette « énergie consciente » crée la matière, l'organise !...

Pour organiser, il faut nécessairement une intelligence et quand on voit la complexité de la vie, la complexité de l'univers... quand on voit que tout cela « marche ».. il faut une intelligence extraordinaire !

Nous avons donc à l'origine de tout. « Une énergie consciente et extraordinairement intelligente »... ou un « créateur »... ce qui doit être un peu la même chose !

Avec toutes les preuves que nous avons devant nous ; l'intelligence et le bon sens ne peuvent se satisfaire des réponses incohérentes que nous apportent les religieux, mais elle doit aussi mettre en doute l'impartialité de beaucoup de scientifiques !

On n'en parle pas, mais Einstein, le grand physiciens David Böhme et de plus en plus de vrais chercheurs admettent qu'il y a bien quelque chose !

Cette conclusion amène une nouvelle question ; « cette force intelligente » a-t-elle un dessein ?

Bien sûr, à ce stade nous devons être très prudent, car nous nous engageons dans un domaine où nous n'avons aucune preuve et où chacun peut légitimement faire des déductions différentes.

Le texte qui suit est donc une proposition de réponse, d'après ce qui semble logique !

Il y a-t-il un dessein Divin ?

Nous avons acquis la certitude qu'il y a bien une force intelligente, créatrice ou au moins « organisatrice » à l'origine de l'univers, de la vie et donc de notre propre vie !

En étudiant le fonctionnement de la vie, nous avons constaté qu'elle semblait bien avoir un dessein et si c'est le cas ; alors ce dessein ne peut être que celui d'une force supérieure.

Pour répondre à ce questionnement, nous ne devons pas imaginer des histoires influencées par les religions ; mais de nouveau nous tourner vers la seule chose dont nous sommes sûr : la vie qui est là, devant nous et en nous.

Si nous observons cette vie en sortant de tous les conditionnements, ce qui apparaît tout de suite, c'est que le plaisir est le moteur de la vie !

Nous cherchons d'abord à assurer nos besoins primaires, boire, manger, dormir et être en sécurité ; mais déjà la satisfaction de ces besoins apporte du plaisir et ensuite nous cherchons à avoir des sensations agréables !

Nous devons donc réhabiliter ce plaisir, car il a été terni pas les religions qui nous proposent la souffrance sur la terre et le plaisir dans le ciel ! La recherche du plaisir fait partie du dessein Divin, sur la terre, ici et maintenant !

Si cette recherche devient excessive dans un domaine, nous devons comprendre que cela vient parce d'autres parties de nous-mêmes, ne vivent pas assez !

Le bien « être », ne vient pas par la performance ou la quantité ; il vient dans l'harmonie !

Chacun recherche le plaisir ; mais dans cette recherche, s'il peut boire manger et dormir, qu'est-ce qui est le plus important ?... Aimer et être aimé !

Qu'est-ce qui motive la majorité des actions de tout un chacun ? qu'est-ce qui est le plus important, même si l'on n'y croit plus ? C'est l'amour !

Qu'est-ce qui fait que je mange trop, que je bois trop ou que je fais trop autre chose ? C'est que je compense mon besoin d'amour !

Qu'est-ce qui est le plus important pour un bébé : l'amour de sa mère ! Le plus important pour l'épanouissement d'un enfant : l'amour de ses parents ! Qu'est-ce qui est le plus important pour tout un chacun, même si parfois on n'en est pas conscient ? C'est toujours l'amour !

Alors il semble bien que le dessein Divin, soit l'amour, mais un amour conscient et adulte !

L'amour est le ciment de la vie, la nourriture de l'être !

Alors comment se fait-il qu'il soit si peu présent !

Nos vies et nos sociétés sont basées sur des valeurs et des croyances qui empêchent la vie de s'exprimer ; alors l'énergie de la vie qui tend à le faire, s'oriente mal ou se bloque et crée nos maladies, crée la violence, crée tous nos travers et toutes nos difficultés !

L'être humain n'est ni bon ni méchant, pas plus que les animaux ! Il est là pour vivre ; une force tend à s'exprimer en lui ; si elle peut le faire, l'être évolue, s'épanouit et il aime les autres et la vie, car c'est l'amour qui est naturel !

Tout le reste n'est que la conséquence, par mille méandres, de cette énergie qui peut ou ne peut pas s'exprimer !

Cela peut paraître simpliste et pourtant, tout est là, et notre démarche doit être de favoriser l'épanouissement en nous et autour de nous. C'est cela qui nous donnera un sentiment de liberté et de réalisation et c'est cela qui nous mettra « en amour » avec la vie. Quand on comprend le vrai sens de la vie, on découvre que notre véritable intérêt correspond aussi à l'intérêt général.

C'est l'épanouissement qui permet une vraie évolution vers la conscience, vers l'amour et c'est ainsi qu'on s'intègre dans le dessein Divin !

Le grand défi des humains, c'est de sortir du monde animal des rapports de force, pour entrer dans le monde de l'être, libre et conscient, le monde de l'amour ! Pour comprendre l'humain, nous devons réaliser l'attente de la vie qui se manifeste en lui et qui tend vers plus de conscience !

Le dessein Divin c'est l'avènement de l'amour, un amour conscient d'être une étincelle du tout.

Nous allons revenir sur différents sujets.

Vivre

Cette fois encore nous allons rencontrer des répétitions par rapport au texte précédent, mais il est important de bien saisir des notions, qui paraissent évidentes et qui finalement sont souvent mal comprises.

Vivre, être... etc. tout le monde croit savoir ce que cela signifie et pourtant quand on approfondit ces sujets, on voit qu'ils comportent souvent des incompréhensions, voir des malentendus !

Le but de la vie : c'est l'expression de la vie ?

Quand nous sommes venus au monde, il n'y avait aucune conscience d'être; seule l'énergie de la vie voulait s'exprimer. Quand elle pouvait le faire pleinement nous étions heureux et toute atteinte à cette expression nous rendait malheureux.

Aujourd'hui, notre psychisme s'est considérablement sophistiqué, mais le système reste le même. C'est toujours l'énergie vitale qui veut s'exprimer, mais bien sûr à travers ce que nous sommes devenus.

Nous sommes devenus ce que nous sommes, mais pour être plus heureux ou moins malheureux, il n'y a qu'une règle : nous tourner plus vers notre vie pour que l'énergie puisse s'exprimer et tout le reste en sera la conséquence ou au moins en sera influencé.

Vivre c'est quoi ?

Cette question paraît tellement évidente que nous ne nous la posons même pas. Chacun a l'impression de vivre. On pourrait dire d'une manière un peu dure, tant que nous ne sommes pas morts, nous sommes vivants, donc nous vivons. C'est vrai : mais nous vivons souvent à un faible pourcentage de notre capacité de vivre.

Quand nous faisons les courses au supermarché, nous ne sommes pas morts, donc nous vivons, mais quand nous écoutons une belle musique ou quand nous sommes amoureux, l'intensité n'est pas la même. Il y a donc bien une intensité de la vie.

Plus nous développons notre être, plus nous sommes nous-mêmes, plus nous prenons conscience de la réalité de la vie et plus elle devient intense. Même des instants qui nous paraissaient tout simples, prennent une autre dimension.

Plus l'énergie de vie qui est en nous, peut s'exprimer à la mesure de notre potentiel et plus la vie pour nous devient intense.

Si elle ne l'est pas assez, nous « compensons » en consommant, en achetant des objets plus ou moins utiles, en mangeant trop ou en étant agressif, suivant le tempérament de chacun et si nous ne compensons pas, nous sommes angoissés.

Contre l'angoisse, la bonne réponse, c'est plus de vie.

Nous ne sommes pas faits pour vivre à seulement 10 % de notre potentiel et la compensation ou l'angoisse nous montre qu'il manque de la richesse sur notre chemin.

Nous devons bien réaliser que l'importance de la compensation ou de l'angoisse nous donne l'exacte mesure de notre potentiel inemployé.

Vivre, c'est « être soi-même » et échanger.

Pour chacun, vivre, c'est :

- Subvenir à ses besoins primaires (boire, manger, dormir et être en sécurité...).
- Échanger avec les autres et avec le milieu qui l'entoure.
- Pouvoir dans ce contexte exprimer son potentiel spécifique, dans ses différentes dimensions, physiques psychologiques et spirituelles.

Nous devons donc être à l'écoute de ce que nous sommes, de ce que nous sentons, de ce que nous aimons ; mais aussi de notre manière de rencontrer les autres et la nature. Malheureusement, les marques négatives que nous avons enregistrées dans notre enfance, les conditionnements culturels ou religieux, la manière d'être et de penser du monde qui nous entoure ; tout cela nous influence et nous empêche d'avoir un ressenti juste.

Toutes ces influences nous orientent vers des satisfactions qui ne correspondent pas toujours à ce dont notre « être » a réellement besoin.

Nous pouvons ne pas assez oser faire des choses ou en faire beaucoup et pourtant l'insatisfaction sera toujours là si nous ne faisons pas ce qui est en attente dans notre potentiel.

Dans ce contexte, l'être n'est pas assez nourri ; psychologiquement, il ne grandit pas assez et quelque chose reste infantile.

Il y a un manque... un manque de vie... alors il y a une réaction de compensation ou une rancœur inconsciente qui se traduit souvent par de l'agressivité !

Pour mieux rencontrer la vie, nous devons soigner et si possible guérir les marques négatives, et enlever le plus possible les influences qui empêchent de comprendre, ce qui est réellement important et perturbent, faussent les échanges avec les autres.

Pour bien vivre, nous devons être en relation avec les autres et avec notre milieu ; et à notre niveau participer avec nos moyens à l'évolution de ce monde, dont nous faisons partie. Ne rien faire ou seulement « sauver notre peau » est une manière de cautionner ce qui ne va pas ; même si nous cachons notre égoïsme derrière le paravent d'une religion.

Vivre c'est développer sa conscience

Ce point, comme d'autres, est tout à fait essentiel ; mais celui-là l'est peut-être encore plus que les autres, si nous souhaitons réfléchir au sens de la vie… pourquoi nous sommes là ?

Nous ne pourrons pas apporter totalement la réponse, car la notion même de ce but, dépend de notre niveau de conscience et ce niveau pourra toujours être plus grand.

Nous devons avoir à l'esprit que vivre c'est s'épanouir… et c'est s'épanouir qui fait évoluer… et c'est évoluer qui apporte la conscience.

La vie peut devenir passionnante.

La vie peut devenir passionnante, mais à condition :

- de comprendre son fonctionnement,
- d'en respecter les règles,
- de pouvoir y trouver « notre » vraie place,
- et de s'intégrer dans son mouvement.

Beaucoup de croyances religieuses et les règles inventées pas les puissants nous ont empêché de comprendre la vie, son fonctionnement et ses règles et du coup nous avons inventé des manières de vivre qui ne correspondent pas toujours à ce qui serait souhaitable pour nous épanouir.

Vivre c'est rencontrer !

Comme la photo, qui a besoin du révélateur pour

devenir une image, j'ai besoin de l'autre et de l'extérieur pour devenir moi-même.

Vivre c'est échanger, toutes les cellules de mon corps font cela en permanence et pour que l'être en moi grandisse, pour que je m'épanouisse, je dois échanger avec l'extérieur, je dois rencontrer la vie.

Peut-on avoir confiance dans la vie elle-même?

La question se pose, alors que nous voyons des criminels, des pédophiles, des violeurs... tout cet égoïsme et toute cette méchanceté que nous voyons dans beaucoup de situations!

Nous avons vu que ce n'est pas la vie qui est en cause, mais une manière de vivre qui ne respectant pas assez son fonctionnement, engendre des réactions souvent négatives.

Comme nous l'avons dit, nous sommes des vivants et nous ne pouvons donc ignorer ce fonctionnement sans conséquence.

C'est donc au contraire à cette manière de vivre que nous ne devons plus faire une confiance aveugle et remettre en cause ce qui doit l'être!

Comme nous, la société ne peut reposer sur des idées établies une fois pour toutes et comme nous, elle doit évoluer et se remettre en cause.

La vie est une énergie qui s'exprime.

Si les conditions sont réunies, le pépin de pomme fera

un pommier. Il fera des feuilles de pommier, bien réussies, des fleurs impeccables, avec la bonne couleur et bien sûr des pommes, quand le moment sera venu. Il exprimera son potentiel, ce pourquoi, il est fait.

Si les conditions sont bien réunies, il le fera parfaitement. Les difficultés commenceront s'il veut faire des poires.

Pour nous, le principe est le même… Bien sûr plus sophistiqué… mais ça reste le même principe. Nous sommes un potentiel de vie, avec des capacités extraordinaires, une complexité psychologique qui permet des émotions et des sentiments très subtils, mais pour être heureux, nous devons faire « nos pommes ».

Les problèmes commencent quand les conditions ne sont pas réunies, voir grandement absentes, mais aussi quand on nous apprend qu'il est plus chic de faire des poires, plus honorifique de faire des fraises et que l'élite ne fait que des petits pois.

Sortons de tous les conditionnements, sortons de toutes les illusions et nous découvrirons en nous, les merveilles qui y sommeillent.

Être

C'est quoi « être » ?
Ce n'est pas, comme on pourrait le penser, un état statique.

Ce n'est pas non plus un état auquel on accède après s'être martyrisé dans tous les sens.

Être, c'est être soi-même. C'est pour chacun rencontrer la vie en épanouissant son potentiel particulier, ici et maintenant. Bébé, enfant, adolescent, à toutes les étapes de la vie ; être c'est découvrir, jour après jour, les milles facettes de nos aptitudes.

Être, c'est être vivant, ouvert sur la vie ; rencontrer la vie pour qu'elle nous « révèle » et de plus en plus, prendre conscience de notre spécificité et en même temps de notre intégration dans le tout.

Il ne s'agit pas d'une compréhension intellectuelle, mais d'un phénomène global, englobant le physique, le mental et le spirituel.

Alors la vie devient passionnante, car sur ce « chemin », nous pouvons toujours aller plus loin, vers toujours plus de conscience, toujours plus de rencontre intense avec la vie.

Cette rencontre de plus en plus intense ne vient pas au bout d'une éducation, mais dans la réalisation de ce que nous sommes.

C'est encore un point essentiel !

L'« être », ce que nous sommes réellement ; pas l'idée mentale que nous avons de nous, la réalité de ce que nous sommes, est déjà dans l'unité de la vie. Elle n'est que là... et c'est donc en enlevant le paraître, les illusions, les croyances, tout ce qui nous empêche d'être nous-même... en mettant l'avoir à sa juste place, que nous serons naturellement dans l'unité de la vie.

Il est bien évident que nous sommes faits pour « être », nous ne sommes faits que pour ça.

L'être n'est pas à construire, il est à épanouir et il grandira tout seul, si nous lui apportons la nourriture physique et psychologique et spirituelle qui lui est nécessaire et si nous enlevons ce qui empêche cet épanouissement !

Notre corps, pour qu'il puisse grandir et s'épanouir, a besoin de nourriture et d'exercice ; il en est de même pour notre mental et aussi pour notre cœur, c'est-à-dire notre « être » !

Nous devons réaliser que ce que nous appelons le « cœur » au niveau des sentiments, c'est l'« être » !

C'est l'être qui aime et qui est heureux quand il est aimé, et c'est lui qui souffre quand ce n'est pas le cas !

Être ou ne pas être, là est bien la question ?

Vivre c'est être, car le paraître n'est qu'une illusion du mental.

On pourrait dire aussi... Être ou Paraître..., car la question impérative est là aussi !

Le paraître est la négation de l'être !

Quand nous sommes dans le paraître, nous sommes comme un acteur qui croirait qu'il est réellement le personnage de son rôle. Le fait qu'il le croit n'a aucune influence sur la réalité de son être ; il reste monsieur « un tel », acteur de théâtre ; par contre, cela risque de lui occasionner des déboires.

Il est très important de bien comprendre ce problème qui nous affecte tous, à des degrés plus ou moins importants.

Dans le paraître, l'être que nous sommes réellement, n'est ni nourri, ni reconnu. Psychologiquement, c'est un message implicite grave que nous envoyons à « l'être » en nous, pour lui dire « comme tu es, ça ne va pas, moi je veux être quelqu'un d'autre ; ce qui bien sûr est impossible !

Les implications négatives du paraître sont multiples, parfois très subtiles et souvent mal comprises par une société qui en a fait une de ses principales motivations et même une base pour ses jugements de valeurs.

Le paraître se manifeste de mille façons et l'important, c'est de voir de quelle manière il se manifeste chez chacun de nous.

Il y a le paraître de la grosse voiture, de la grosse maison, de ce qu'on appelle la réussite sociale, président, directeur, être une vedette, être connu ; mais le paraître se cache aussi parfois chez les grands maîtres ou chez tous les « grands » quelque chose et même de plein d'autres façons.

Dans notre société, où l'être est très mal compris ; tout est basé sur l'apparence et sur le personnage psychologique que nous croyons être. Ce personnage s'est construit pendant notre enfance, dans la rencontre de l'être qui ne se connaît pas et qui se fait une idée de lui-même, par rapport à sa rencontre avec le contexte de sa vie !

Être adulte

Il ne s'agit pas d'avoir plus de 18 ans, mais d'avoir un comportement responsable. Ce n'est pas être parfait, mais au contraire, être conscient de nos limites.

C'est voir le plus possible la réalité d'une situation. Être conscient de nos propres aptitudes et éventuellement de nos limites pour la rencontrer ou peut-être l'éviter ; mais si la rencontre se fait, de l'assumer pleinement.

C'est aussi penser par soi-même. Cela ne veut pas dire ne pas écouter ou lire ce que pensent les autres ; mais c'est de bien analyser si leur pensée apparaît juste et ne la faire sienne qu'à ce prix. Bien sûr, c'est refuser toutes celles que nous ne comprenons pas ou auxquelles nous ne pouvons adhérer sincèrement, même si elles viennent de ce que nous appelons des grands « Maîtres » ou des grands quoi que ce soit.

Être adulte c'est comprendre que la plus belle philosophie ne peut être profitable si elle est en contradiction avec la réalité, car elle empêche une vraie compréhension de soi et donc une vraie évolution !

C'est aussi, essayer d'intégrer toujours plus, dans la vie, ce qui est important pour l'esprit, le corps et l'être. C'est comprendre que nous sommes un tout et qu'il n'est jamais souhaitable de privilégier l'un au détriment de l'autre.

Être adulte, c'est avoir les yeux ouverts et être conscient du monde qui nous entoure.

Ce sont les yeux fermés, les yeux de travers, les yeux

pleins de prétention, qui rendent le monde triste. Ce sont les yeux pleins de mensonges ou d'illusions qui le font devenir triste par les déceptions inévitables qu'ils engendrent.

Les yeux ouverts s'émerveillent de voir dans chaque être humain un potentiel aussi vaste ; de voir cette nature aussi belle et astucieuse, de voir la vie si intelligente.

Seuls les yeux ouverts peuvent réellement ressentir de manière juste le lien avec le tout.

Alors n'ayons pas peur d'ouvrir les yeux et retrouvons la joie d'exprimer la vie.
Être adulte, c'est développer le discernement.

Développer le discernement, regarder les choses comme elles sont, ne pas croire sans avoir compris et être sûrs, lâcher peu à peu les illusions ; mais aussi ne pas culpabiliser pour un passé sur lequel notre influence n'a pu être que partielle, notre vraie responsabilité très relative... Et avec tout cela, essayer de rencontrer notre vie.

L'insatisfaction

Nous avons un regard critique sur cet être toujours insatisfait ; mais cette insatisfaction est naturelle et elle est même positive, si elle est comprise et bien orientée.

Il est normal et sain de vouloir améliorer sa condition, et le ressenti par rapport à cette condition est soumis aux lois du besoin d'évolution. Même quand nous avons l'essentiel, le besoin est toujours là, comme s'il était insatiable, car la route de l'évolution n'est jamais terminée !

Le problème ce n'est pas le besoin ; le problème ce sont les réponses inadaptées qui lui sont apportées.

Quand les réponses sont justes, le besoin reste mesuré et s'avère positif pour fixer la bonne route à prendre.

Là comme ailleurs, l'incompréhension du fonctionnement de la vie, a transformé en négatif beaucoup d'éléments qui sont en fait positifs.

Pour bien comprendre cette insatisfaction, nous devons obligatoirement comprendre notre propre fonctionnement ; autrement nous apportons souvent des réponses inadéquates.

Consciemment ou non, nous cherchons tous le bonheur ; mais la plupart du temps, nous le cherchons à un endroit où il n'est pas. Nous apportons des réponses basées sur les valeurs et les croyances transmises par la société ou les religions ; valeurs qui trop souvent ne correspondent pas au besoin de l'être, au besoin de la vie.

Le vrai besoin, jamais satisfait, devient de plus en plus excessif et entraine vers des comportements qui le sont aussi.

La société ne parle pas du bonheur, mais elle conditionne pour le chercher dans « l'avoir » et le « paraître ». Elle montre des images de gens qui paraissent heureux avec de belles voitures, des maisons luxueuses et « réussir » serait d'être riche ou célèbre. Pourtant même ces gens-là ne paraissent pas satisfaits ; ils en veulent toujours plus et nous voyons même des gens milliardaires, qui n'auront pas le temps de profiter de tout leur argent avant de mourir et qui pourtant se battent jusqu'à leur dernier souffle pour en gagner encore !

Il est évident que les réponses apportées ne sont pas adéquates.

Ces gens... comme chacun de nous, ces gens sont faits pour vivre, c'est-à-dire exprimer et épanouir leur potentiel. Ils ne sont pas faits pour avoir plus, mais pour être plus.

Que nous en ayons conscience ou non, la vie en nous est en attente de cet épanouissement.

L'insatisfaction devient un problème parce que nous ne lui apportons pas les bonnes réponses ; mais bien comprise, elle est en fait un moteur de l'évolution.

La liberté

De nouveau, nous abordons un point essentiel.

Nous l'avons déjà dit pour d'autres sujets, car il s'agit en fait d'une même chose que nous regardons de différentes manières.

Surtout essayons de bien comprendre. Il s'agit là d'un des piliers pour expliquer la démarche de ce livre, pour comprendre les humains et même pour comprendre « le dessein » de cette vie !

La liberté est un « ressenti ». Il n'y a pas de liberté totale possible ; d'abord parce que dans les conditions actuelles, d'immaturité et de frustration, socialement cela déboucherait sur le désordre et la violence. Ensuite parce que, en tant que « vivants », si je veux le rester, je suis soumis aux lois de la vie et je ne peux m'y soustraire.

Je n'ai pas la liberté d'arrêté de manger, de boire ou de dormir, sans compromettre à terme ma propre existence.

Chaque « vivants » a en lui des programmes en attente de satisfaction.

Il y a aussi, en chaque vivant, plein de domaines psychologiques, influencés par ces programmes et qui peuvent donc apparaître comme des atteintes à la liberté.

Le problème doit être regardé différemment.

Le sentiment de manque de liberté vient surtout du fait que l'organisation sociale et la façon de vivre actuelle ne tiennent pas compte du besoin d'expression de la vie.

Nous ressentons un manque, et la liberté paraît répondre à ce manque ; mais c'est de vivre dont nous avons réellement besoin ; vivre notre vie !

Si nous pouvons le faire, nous ne ressentons pas d'atteinte à cette liberté !

Nous voyons encore une fois l'importance de comprendre ce que veut dire « vivre » pour un être humain ; car autrement, nous risquons d'apporter de mauvaises réponses.

Dans une société qui ne s'occupe pas de ce que nous sommes et au contraire qui depuis notre premier souffle nous dis tout ce que nous devons être ; alors la liberté apparait être la réponse. Consciemment ou non, nous nous ressentons dans un cadre qui ne nous permet pas de nous réaliser ; alors bien sur la liberté parait en offrir la possibilité.

Tendre vers plus de liberté est indispensable ; mais à condition qu'elle soit couplée avec un surcroit de maturité, c'est-à-dire de conscience.

La liberté peut être dangereuse si elle n'est pas portée par une psychologie bien construite. Nous voyons trop souvent des gens pas assez équilibrés ; qui souffrant d'un cadre trop rigide, s'oriente vers une liberté qui pour eux s'avère négative. C'est la liberté de se tourner vers l'alcool, la drogue, la liberté de faire n'importe quoi et de ne pas assumer sa vie ! La réaction est normale, mais c'est la capacité d'apporter une bonne réponse qui est en cause.

La bonne réponse, c'est là encore, d'ouvrir les yeux et de tendre vers une vie mieux remplie.

Le lion ne sent pas d'atteinte à sa liberté s'il peut vivre sa vie de lions et il ne ressent pas non plus comme une atteinte à cette liberté le fait de ne pouvoir vivre comme une girafe.

Vivre... être... chaque jour un peu plus... et tout se met en place !

Le fait de ne plus craindre de découvrir en nous des réactions qui ne nous plaisent pas et au contraire de les rencontrer avec bienveillance mais aussi avec lucidité pour bien comprendre leur origine ; cela apporte aussi un grand sentiment de liberté.

Le personnage que nous avons construit, que la société

souvent attend de nous, cette construction est une prison. Parfois une prison dorée, mais une prison quand même pour « l'être », c'est-à-dire pour la vie.

Comme nous l'avons dit, l'humain est là pour tendre à réaliser de plus en plus son potentiel et comme humain, son potentiel spécifique. Si nous devenons de vrais adultes et si notre entourage est aussi sur cette route, alors nos actes seront en harmonie avec notre milieu, car notre véritable intérêt coïncide avec l'intérêt général.

Alors bien sûr une question se pose... *Pouvons-nous vivre dans une société où chacun fait ce qu'il veut ?*

Dans une société où chacun se préoccupera en premier de son épanouissement ; à terme, chacun pourra faire de plus en plus ce qu'il voudra, car ce qu'il voudra faire, il le fera naturellement en harmonie avec le milieu dont il fait partie ! Nous disons bien à terme, car il s'agit de tendre vers un monde adulte.

Par exemple, les policiers seront progressivement moins nécessaires. Moins nécessaires, non pas parce que nous deviendrons des moutons dociles, mais par ce que notre comportement sera responsable et donc naturellement en harmonie avec les autres et avec notre milieu, si ce dernier est logique.

Dans une société qui cherchera l'épanouissement de ses individus, chacun comprendra que son intérêt coïncide avec l'intérêt général.

« La liberté n'est pas d'aller contre la vie, mais de lui permettre de s'exprimer. »

La cohérence

Il faut aborder ce problème avec beaucoup de modestie.

Entre ce que nous pensons souhaitable, positif et ce que nous faisons réellement dans nos actes, il y a plus ou moins chez chacun, mais souvent un écart important.

Beaucoup de gens qui se croient très évolués, ont un rapport avec l'argent, le pouvoir, la notion de leur importance ou la relation avec les autres qui ne correspond pas à ce qu'ils croient être !

Ce sont nos actes qui nous parlent de nous ; ceux que nous faisons, mais aussi ceux que nous ferions si personne ne nous voyait !

Bien sûr il y a des situations où nous devons tenir compte de ce que pensent les autres, notre patron, nos clients... etc. ; ce n'est pas un problème si nous ne sommes pas dupes nous-mêmes.

S'il n'est pas souhaitable de tromper les autres ; il est encore moins souhaitable, de se tromper soi-même, plus ou moins délibérément.

Même dans le développement personnel, ou la spiritualité, certains se conditionnent pour avoir les comportements correspondants à ce qu'ils pensent être un signe d'évolution. Par contre, quand leur porte-monnaie est en jeu, ou quand ils se relâchent, il y a souvent une grande différence !

Pour être soi-même, pour évoluer, il est indispensable de tendre vers plus de cohérence. C'est la manière dont nous abordons la vie ; ce sont nos actes qui nous mettent en accord avec nous-mêmes et nous intègrent dans le mouvement de la vie.

Ce que nous lisons, ce que nous entendons, ce que nous pensons, nous parlent du voyage… par contre, le voyage lui-même est dans la manière de rencontrer, dans la manière d'agir, dans notre manière d'être.

Pour être cohérent, il faut sentir ce qui est important dans la vie et jour après jour, essayer de lui faire une plus grande place.

L'important, pour l'un, ce sera de manger bio ; pour d'autres ce sera d'arrêter de fumer, d'organiser sa vie d'une manière moins stressante, de mieux organiser ses journées, faire de l'exercice physique, éteindre la télé et écouter de la musique, trouver des occasions de rencontrer les autres, éliminer les besoins inutiles. Chacun doit le faire par rapport à lui-même ; mais pour tous… *Cela doit être, de chercher à toujours mieux comprendre la réalité, de mettre plus de conscience dans nos actes et participer chacun à notre niveau, à l'évolution de la société.*

La réalité

Y a-t-il une réalité ou avons-nous chacun la nôtre ?
Est-ce que tout est illusion ou y a-t-il des choses qui sont bien réelles ?

Une chose ne peut être vraie et fausse à la fois, elle est donc l'un ou l'autre.

Par contre, nous pouvons la croire fausse quand elle est vraie et réciproquement, c'est donc notre idée sur la chose qui peut être vraie ou fausse et non pas la réalité.

Deux et deux font quatre. Pour tout le monde. Il n'y a donc pas une réalité pour chacun, mais une réalité intangible et différente manière de la voir ou de la juger.

La compréhension de la réalité est aussi un problème essentiel, dont les implications sont souvent sous estimées.

Ce sujet doit impérativement faire partie d'une démarche philosophique et spirituelle adulte. Ces disciplines, justement parce qu'elles touchent à des domaines subtils, ne doivent surtout pas accepter l'imaginaire, car il ouvre une porte où chacun invente l'histoire qui l'arrange. Dans ce monde où nous voyons beaucoup de réactions infantiles, cela ne choque personne... et pourtant c'est une condition indispensable de l'évolution.

Voir plus juste

Nous devons réaliser à quel point le problème de la réalité est important.

Le simple bon sens doit nous en faire une priorité.

La réalité ne dépend pas de mon regard sur elle. Par

exemple, il existe ou il n'existe pas une force à l'origine de l'univers. Son existence éventuelle ne dépend pas du fait que j'y crois et Il en est de même pour tous les aspects de la réalité. A ce niveau, certaines attitudes défient l'entendement.

La majorité de nos concitoyens croient à des choses parce que leurs parents y croyaient, parce qu'ils les trouvent belles, qu'elles rassurent leur conscient, que quelqu'un « d'important » leur a dites, mais sans aucune certitude qu'elles soient justes.

Comment espérer bien gérer sa vie, dans ces conditions ? Si les données sont fausses, comment espérer avoir un résultat juste ?

Nous devons impérativement intégrer cette volonté de voir plus juste.

Cette démarche est en soi une psychothérapie et un véritable « chemin ».

Pour solutionner les problèmes, nous pouvons avoir des avis différents, mais pour les comprendre, il n'est ni intellectuellement honnête ni efficace, de les voir comme cela nous arrange.

Certaines personnes essayent de suivre « un chemin de vie », dans une démarche spirituelle ou philosophique. Le besoin d'évoluer est naturel, mais comment peuvent-elles savoir si elles sont sur la bonne route, si elles ne comprennent pas la réalité. Nous sentons bien que le choix se fait sur des critères qui n'offrent pas de garanties.

Il y a tellement d'illusions, tellement de vendeurs d'espérances, tellement de besoins en nous de rencontrer la vie et dans les croyances tellement de négations de cette aspiration.

On entend des choses étonnantes : « nous avons chacun notre réalité, nous créons notre réalité, le réel est ce que nous croyons vrai... etc. » Tout ceci est contraire au simple bon sens, mais surtout cela crée dans notre inconscient un grand sentiment d'inquiétude. Comment être rassuré dans un monde flou, ou tout est possible, même le pire, puisque chacun peut le créer lui-même ?

Il est vrai que notre regard sur les choses, influence notre manière de les rencontrer et du coup modifie le résultat de cette rencontre. C'est en soi une réalité et on pourrait en déduire ainsi que nous créons notre vie ! Dans le monde Bouddhiste, beaucoup franchissent le pas, mais c'est évidemment excessif. Une famille de Syriens qui reçoit des bombes sur la tête, ne créé pas la guerre qui l'entoure.

Par rapport à une situation chacun pourra avoir une réaction différente et donc une influence sur ce que sera sa vie ; mais cette vie sera quand même aussi le résultat de beaucoup d'autres facteurs.

Nous devons réaliser à la fois, l'influence de notre façon de voir et de réagir aux événements et être conscients aussi que cette influence n'est qu'une partie du contexte qui les occasionne. Ce n'est pas mon regard qui crée la terre, les rivières, les tsunamis et les inondations et certainement pas la bombe qui est en train de descendre !

Par contre, en comprenant progressivement la réalité, ; en réalisant combien elle est intelligente, cohérente, solide, alors nous trouvons notre vraie place et nous engendrons moins de conséquences négatives.

L'être ne vit que dans le réel. La vie n'est que dans le réel.

Dans le monde flou, dans celui des illusions aussi belles soient-elles, l'être n'est pas nourri, il ne peut pas grandir. Nous voyons beaucoup de grands enfants habités par la peur et qui se le cachent en s'enfonçant toujours plus profond dans des illusions souvent honorifiques et très souvent onéreuses.

La réalité est ce qui « est », le solide mais aussi le subtil.

La réalité, c'est la terre, le solide, l'évident ; c'est aussi l'air, le parfum, le délicat, mais c'est aussi l'amour et beaucoup d'impalpable. C'est aussi mille choses que nous ne connaissons pas et bien plus encore que nous n'imaginons même pas.

Mais alors, si cette réalité est si complexe et surtout si vaste, comment prétendre la connaître et au fond, cela présente-t-il un intérêt ?

Prenons un exemple : Si nous avons une région inconnue à traverser, il est important d'avoir des informations exactes, pour savoir s'il y a des animaux dangereux, si nous trouverons à manger et quel climat nous allons rencontrer. Plus nous avons d'informations justes et plus nous pourrons organiser le voyage et avoir des chances de le réussir.

Dans la mesure où nous sommes des êtres vivants, pour

bien vivre, il est important que nous comprenions le fonctionnement réel de la vie, ce qui est réellement important. Baser nos démarches sur des choses qui n'existent pas aura obligatoirement des conséquences négatives.

Donc, cela présente bien un intérêt, de mieux connaître la réalité, mais est-ce que cela est possible ?

Il est bien évident qu'il est tout à fait impossible de la connaître complètement, nous ne pouvons connaître des choses dont nous n'avons même pas conscience et même celles dont nous sommes conscients sont beaucoup trop nombreuses pour que nous puissions les connaître toutes. Pourtant, ce n'est pas parce que nous ne pouvons pas tout connaître, qu'il n'est pas utile d'en connaître le plus possible ; car le fait de vivre, va nous confronter de toutes façons à la réalité.

Sans vouloir être méchant, ce qui est étonnant, c'est de voir comment, ceux qui sont le plus dans l'imaginaire, deviennent malgré tout très pragmatiques quand leur porte-monnaie est concerné.

Nous devons essayer de ne pas avoir un comportement infantile. Si ce monde va si mal, c'est principalement à cause du manque de courage pour voir la réalité.

Il est en apparence plus facile de se rassurer avec de belles illusions, ou en faisant l'autruche, en pensant que c'est la faute du diable ou de quelqu'un d'autre.

La réalité, c'est que ce monde va mal parce que beaucoup d'entre nous ne se comportent pas comme des adultes.

Comment trouver des solutions qui marchent, si la base de nos réflexions, aussi belle soit-elle, si cette base est fausse ?

Pour comprendre le sens de la vie, pour découvrir notre place, pour trouver des solutions aux difficultés de ce monde, nous devons faire preuve de bon sens et donc impérativement nous appuyer sur la réalité.

La réalité est ce qui « est ». Il n'y a que la réalité et rien de plus.

Tout le reste, qui peut pourtant avoir des conséquences majeures, n'est rien d'autre que des images, des pensées dans notre cerveau !

Réalité et relativité

Souvent nous ne tenons pas compte de la relativité quand nous élaborons une réflexion sur une personne ou une situation. La souffrance par exemple, est un ressenti relatif. Elle dépend de ce qui l'occasionne, mais aussi de notre sensibilité, de l'outil pour l'analyser, qui est différent chez chacun.

L'aspect psychologique compte aussi car suivant l'idée que nous avons de cette souffrance, son intensité nous paraîtra plus ou moins importante. Il ne faut pas confondre notre appréciation des choses avec la réalité.

C'est notre regard, notre ressenti, notre appréciation qui diffèrent et non pas la réalité elle-même.

C'est au contraire, la relativité de nos appréciations, qui est une réalité en soi et dont nous devons tenir compte pour comprendre les autres et la vie en général.

Quand nous sortons des conditionnements et des croyances, il y a de moins en moins de différence entre le ressenti et le réel et du coup, notre vie devient plus simple, plus facile et elle peut s'intégrer dans « le grand mouvement. »

Le mental

Le mental est important car il est un outil extrêmement sophistiqué qui, certainement, donne à l'aventure humaine une dimension particulière.

Il nous permet de penser, mais aussi d'être conscient que nous sommes en train de penser.

Il nous permet de réfléchir, de déduire, d'imaginer, mais comme tout outil sophistiqué, il demande à être bien utilisé.

Par exemple, l'imagination, qui est une aptitude extraordinaire du mental, peut aussi nous faire croire que nous sommes en train de vivre quand nous sommes seulement en train de penser.

Il est donc indispensable d'être vigilants pour ne pas confondre l'un et l'autre.

Comme nous l'avons dit, le conditionnement est inhérent à la condition humaine.

Si nous devons faire un voyage, il est intéressant d'en étudier différents aspects, mais ce qui est surtout riche c'est de monter dans le train et de partir.

Regarder la télévision par exemple, est une démarche qui fait surtout appel à notre mental, c'est un peu une manière de vivre par procuration.

Quand nous écoutons une belle musique, le mental nous indique le compositeur, nous fait apprécier la technique, mais il y a quelque chose d'autre en nous qui est activé !

Quand nous aimons, le mental est là pour constater, mais c'est tout notre corps, tout notre être, qui est embarqué dans l'affaire et au-delà, nous sentons bien quelque chose d'une autre nature.

La méditation qui peut être un moment très riche, peut devenir pour certains une démarche surtout mentale et attention aux grands spécialistes qui « descendent à l'intérieur d'eux même » : c'est surtout l'imagination qui fait de la spéléologie.

La spiritualité est certainement une dimension importante de l'être humain, mais là encore attention de ne pas en faire une démarche uniquement mentale. Elle doit imprégner nos actes de tous les jours et pas uniquement certains moments où nous adoptons une certaine façon d'être.

Alors, je peux penser à une randonnée en montagne,

avoir même une petite émotion en pensant à la beauté du paysage ; mais vivre c'est monter le sentier, découvrir les fleurs, apercevoir une loutre qui se cache vite dans son terrier ; c'est tout mon être qui rencontre le milieu et se connecte à un tout qui le dépasse.

Le mental est un outil au service de la vie, il peut être positif s'il sert à mieux vivre, mais il peut être négatif s'il devient un refuge pour éviter de le faire !

La religion

Les grandes religions actuelles sont basées sur le message transmis à l'origine par des personnages. L'existence historique de ces personnages est certaine pour Bouddha, Mahomet ou Jésus ; par contre le récit de leur existence parait très romancé. Est ce que Bouddha était bien le fils d'un grand prince, est ce que Jésus est bien né dans une étable à Bethléem ; nous n'avons aucune preuve.

Historiquement, nous savons que ces personnages n'ayant rien écrit ; les récits de leur existence et même leur message ont été retranscrits longtemps après leur mort. Nous devons être conscient que ces textes proposés comme la parole même de dieu ; textes qui pour cette raison sont considérés comme « sacrés » et pour lesquels des gens sont prêts à tuer ou à se faire tuer ; ces textes ont été rédigés par des gens dont nous n'avons aucune preuve de l'objectivité.

Au moment de la rédaction, il existait différents textes et les autorités de l'époque ont donc choisi ceux qui leur paraissaient les plus intéressants, mais sur quel critère ?

Jésus fils de Dieu, Marie fécondée par un ange, Mahomet contacté par l'ange Gabriel et beaucoup d'autres affirmations du même genre ne sont acceptables que pour ceux qui veulent « croire », mais pas pour ceux qui veulent des certitudes. Certains croient à une chose, d'autres à une autre parce que leur parents y croyaient, leur milieu ; mais dans un monde qui s'estime évolué, comment pouvons nous attacher autant d'importance à des choses qui ont peut être été inventées de toutes pièces ?

Les conditionnements sont tels que les croyances apparaissent comme sacrées pour celui qui y croit et celui qui croit à autre chose est considéré comme païen, infidèle ou pire encore.

Pour un « adulte » c'est la réalité qui doit être sacrée ; car seule la réalité est l'œuvre du grand architecte. S'il y a bien une force qui à créé ou organisé l'univers et la vie, tout ce qui « est », est obligatoirement sa création ; mais pas les imaginations des uns ou des autres !

Une nouvelle religion

Il serait nécessaire de créer une nouvelle religion, sans dogmes et sans croyances, pour se rassembler, pour toujours mieux prendre conscience de cette vie extraordinaire, pour mieux prendre conscience de la grande force, à l'origine de ce qui est « manifesté » et si on le souhaite, échanger avec elle !

Une rencontre qui doit être d'abord personnelle et intime ; un contact au-delà des mots ; un voyage vers la conscience, pour mieux se réintégrer dans l'évolution de la vie. Cela peut être aussi, à d'autres moments, des rassemblements pour ressentir notre fraternité d'être ; exprimer et vivre par de la musique ou des chants une communion de conscience devant cette vie extraordinaire de beauté et d'intelligence !

Une spiritualité à la fois de « bon vivant », mais aussi une spiritualité responsable !

Les illusions

Les illusions ont souvent de belles couleurs ; elles paraissent assouvir nos attentes. Elles nous redonnent cette importance que la mauvaise image de nous-mêmes nous avait enlevée. Elles paraissent expliquer ce monde que nous ne comprenons pas et qui nous fait peur.

Mais faisons attention, il s'agit là de quelque chose de très grave.

L'illusion n'existe que dans notre mental et si elle rassure notre conscient, elle crée encore plus d'inquiétude au niveau de notre inconscient.

L'« Être » utilise le mental conscient, pour rencontrer

l'extérieur, pour le comprendre, pour épanouir son potentiel de vie, pour prendre conscience de lui-même et de sa place dans le « Tout ».

L'« Être », lui, ne vit que dans le réel, et donc l'illusion ne le nourrit pas, ne le rassure pas et au contraire, elle le déconnecte de la vie, qui elle n'est aussi que dans le réel !

L'« être » qui se base sur des choses qui n'existent pas ne peut donc pas s'épanouir, il reste infantile et la peur inconsciente s'installe de plus en plus.

Ce qui est grave, c'est que plus nous nous habituons aux illusions, plus nous les confondons avec la vie réelle et moins nous pouvons être nous-mêmes, moins nous pouvons trouver notre juste place. Plus nous avançons, plus nous construisons notre pensée avec des illusions et moins il sera facile de revenir vers la vie comme elle est !

Être, c'est être dans un contexte. Si je crois être dans un autre contexte que celui où je suis réellement, cela va engendrer irrémédiablement des difficultés et des déceptions. Il me sera impossible de me connecter, de m'intégrer dans mon milieu, puisque je crois être dans un autre.

Nous l'avons dit, l'illusion n'existe que dans le mental et du coup il ne peut y avoir de vraie prise de conscience, car le mental a une démarche incohérente par rapport à la vie réelle !

Le plus terrible c'est que cette question puisse seulement exister ; nous ne pouvons bien sûr vivre que dans le réel !

Les croyances

Beaucoup de gens ont des « croyances ».

Par exemple certains croient à la réincarnation.

Il est possible, qu'après la mort de notre corps physique, quelque chose d'immatériel continue d'exister et peut-être aussi, que cette chose revient sur cette terre, dans un autre corps.

Peut-être ? Mais il s'agit d'une croyance, car rien ne permet de l'affirmer...

Certains y croient, d'autres croient le contraire, chacun suit son ressenti !

Il y a beaucoup d'autres croyances, Dieu, Dieu tout puissant, le paradis, le diable, les anges, les martiens, etc., etc....

Certaines de ces croyances sont tellement ancrées dans les esprits qu'il paraît difficile de les remettre en cause. Pourtant nous devons là encore aborder les choses de manière adulte.

Vérifions dans nos croyances, si pour chacune nous avons suffisamment d'éléments pour en faire des certitudes.

Quand c'est le cas, nous pouvons nous appuyer dessus pour prendre des décisions et pour comprendre la vie, mais pour toutes celles où ce n'est pas le cas, nous devons impérativement les mettre dans les « peut-être » et prendre les décisions qui les concernent en conséquence.

Il y a mille sortes de croyances, parfois contradictoires et nous devons donc être modestes et ne pas penser que ce sont forcément les nôtres qui sont les bonnes !

Il y a dans toutes les religions, des gens intelligents et sincères et qui pourtant ne croient pas aux mêmes choses.

La démarche du croyant n'est pas une illusion, car il y a bien une attente en lui et un ressenti réel, qui répond à un besoin de spiritualité ; mais ce ressenti est influencé par le filtre que constitue sa croyance !

Il y a là une grande difficulté, car en abandonnant ses croyances, le croyant a l'impression d'abandonner une vie spirituelle qui est bien réelle, pour ce qu'il pense être le vide.

Il s'agit là encore d'un grand malentendu ; car pour un esprit libre et ouvert, l'abandon des croyances, permet au contraire de laisser la place à une spiritualité adulte, basé sur la réalité et qui est bien plus extraordinaire !

Le diable

Vous connaissez ? C'est quelqu'un qui vit dans des « conditions extrêmes » et qui depuis la nuit des temps s'occupe, avec une obstination exemplaire, à nous pousser vers le plaisir.

A l'origine, ce serait un ange qui se serait fâché avec Dieu (Dieu qui pourtant est parfait), un ange fait par Dieu (puisqu'il a tout fait) et qui au lieu de rester au « Club méditerranée » est parti s'installer dans les entrailles de la terre.

Quand on connaît l'immensité de l'univers ; venir s'installer justement chez nous ; c'est bien du mauvais esprit. Il y a aussi du masochisme dans sa démarche, car les conditions dans le centre de la terre ne semblent pas être très favorables.

Un autre questionnement ; comment depuis le temps n'a-t-il pas eu envie de se reposer ?

Pendant un jour ou deux le monde serait redevenu le paradis, tous les profiteurs auraient redistribué leur butin, tous les violents seraient redevenus doux comme des agneaux et même Georges Bush ou Donald Trump auraient donné des signes d'humanité.

Et bien non, en enfer pas de repos, le diable donne l'exemple à tous les « pauvres diables » qui n'ont pas mérité le ciel, en regardant les jolies filles, en mangeant trop de tartes aux fraises ou en allant à la pêche en pleine semaine.

Mais bouge diable. Et si ce monsieur n'existait pas ? Mais si... il existe ! On ne nous aurait quand même pas pris pour... des idiots.

J'insiste... et s'il n'existait pas ? Alors d'où viendrait tout ce mal que nous voyons partout ? S'il n'existe pas, alors c'est que l'humain a une sorte de diable en lui ?

Ce n'est pas possible ; on nous dit que Dieu a fait l'homme à son image.

On tourne en rond et il semble bien que l'on nous ait pris pour... des idiots, ou au moins pour des enfants.

Il semble bien que beaucoup de croyances veuillent continuer à le faire.

Alors pour ne pas choisir uniquement celles qui nous arrangent, si nous repartions à zéro, sans croyances, avec notre bon sens, notre sensibilité et même notre intuition pour rencontrer la vie, comme des êtres libres ? Rencontrer la vie, les yeux bien ouverts, dans tous ses aspects concrets, mais aussi dans ses dimensions les plus subtiles, mais la rencontrer debout, en assumant enfin nos certitudes mais aussi nos doutes. Accepter de ne pas avoir réponse à tout ou de ne pouvoir mettre des mots sur l'inconcevable et que pourtant nous sentons là, devant nous.

Cela demande plus de courage que de croire au Père Noël, mais c'est le grand défi de l'humanité.

Sortir de ce monde infantile qui a été certainement indispensable à notre prise de conscience, mais qui maintenant nous emmène dans une impasse... En sortir pour laisser la place à un monde adulte.

Sortir de la préhistoire, pour que l'humain puisse enfin prendre sa vraie dimension.

Il est là, le grand défi et nous avons à le relever, chacun à notre niveau.

La mort

Voilà un sujet difficile.

Nous sommes dans un domaine où il est prudent de ne pas affirmer ce dont nous ne sommes pas sûrs.

Comment un « vivant » peut-il bien comprendre cet état qui semble être la disparition de ce qu'il est ?

Comment celui qui « est », peut-il imaginer un état où il semble qu'il ne soit plus ?

Scientifiquement, les connaissances actuelles ne permettent pas d'apporter une réponse. Nous entrons dans un domaine qui dépasse le mental, un domaine où nous devons tenir compte de notre ressenti, de notre intuition et encore il n'est pas certain que cela soit suffisant.

Bien sûr, il n'est pas interdit de sortir du rationnel, du tangible ; mais il faut être très prudent quand nous le faisons, car dans ce cas, il est facile pour chacun de voir ce qu'il a envie ou ce qui arrange ses croyances.

Nous allons quand même essayer d'avancer, de faire des propositions, mais bien sûr c'est à chacun de voir jusqu'où il lui semble logique d'aller.

D'abord, pour essayer de comprendre la mort, il faut parler de la vie.

Nous sommes des êtres vivants, mais cet « être » que nous sommes, est-il seulement un corps ?

Une personne à qui il manque un bras ou une jambe est quand même complètement quelqu'un et elle a le ressenti « d'être », autant que celui qui n'a pas ce handicap.

Il y a aux États-Unis un homme sans bras et sans jambes qui fait des conférences pour expliquer qu'il faut garder courage, qu'on arrive à trouver des solutions même quand on a comme lui, de grosses difficultés. Cet homme a l'air « d'être » plus que beaucoup d'autres qui ont tous leurs membres.

Notre corps est une machine extraordinaire, mais nous sentons bien qu'au-delà de la «machine», il y a quelque chose de plus subtil. Cette infinie variété de sentiments, la timidité, l'orgueil, la compassion, la tendresse, l'émotion et puis cet amour tellement étonnant, tout cela ne paraît pas sortir d'un ordinateur, même très sophistiqué.

Il semble bien qu'il y ait dans ce corps, quelque chose qui «l'habite».

Au fond, ne serions-nous pas cet «habitant»?... Et ce corps, ne serait-il pas un outil pour permettre à cet habitant d'évoluer, de vivre de manière de plus en plus consciente?

Si c'est le cas, alors la mort de notre corps, n'est peut-être qu'un passage, en attendant de revenir faire un petit tour et ainsi participer à la grande évolution de la vie.

La réincarnation

Nous n'avons aucune certitude sur une réincarnation éventuelle, mais il est vrai qu'en observant le fonctionnement de la vie, il paraîtrait logique que l'évolution des aptitudes et surtout de la conscience ne disparaissent pas?

Chacun a pu observer, dans une même famille, des enfants plus évolués que d'autres. Certains paraissent «arriver» avec un acquis, comme cette petite chanteuse qui à neuf ans chantait déjà comme une diva. Ses capacités ne pouvaient résulter seulement de son apprentissage « dans cette vie » et il semble donc bien au contraire qu'elle savait déjà des choses ?

Comment expliquer autrement la précocité de Mozart... comment expliquer Léonard de Vinci... et puis... cette organisation de la vie si intelligente, ne doit pas se terminer par une disparition complète ; cela ne parait pas logique !

Le sens de la vie, parait être cette prise de conscience de plus en plus grande, et dans ce cas, la conservation des acquis est indispensable.

S'il y a un dessein Divin ce qui semble être le cas ; des humains de plus en plus conscients, s'ouvrant de plus en plus à la vie et donc à l'amour ; alors les prises de conscience doivent pouvoir resservir !

Nous n'avons aucune certitude, mais pour que cette grande « machine » tourne rond, cela parait logique.

Bien sûr une question se pose ; s'il y a une réincarnation ; ne concerne-t-elle que les humains ou aussi tous les animaux ? Est-ce que les puces et les éléphants se réincarnent aussi ? Les animaux sont aussi la vie ! Est ce que le moindre microbe... A ce stade soyons très prudent, car nous n'en savons rien et nous sommes peut-être aux limites de nos capacités actuelles d'entendement.

Ce que l'on peut dire, c'est que la vie qui nous anime, n'est pas née avec nous ; elle nous a été transmise par nos parents ! Cette vie si intelligente n'a pas pu apparaître dans l'eau par hasard et être intelligente dès le départ. Alors nous sommes peut être des étincelles d'une vie plus grande...

La grande énergie intelligente, qui parait être le constituant de toutes choses ; anime le vivant et rejoint certainement un grand « tout », en évolution par les acquis de chacun !

… Alors la réincarnation ?… dans les « peut-être » ?… dans les « probable »… mais restons quand même prudents car nous n'avons pas de certitudes catégoriques !

La prise de conscience, apportera à chacun les réponses, quand il sera en mesure d'en faire un profit d'évolution !

La théorie de Darwin

Revenons sur la théorie de l'évolution de Darwin. Cette théorie explique l'évolution des espèces par la sélection naturelle des plus adaptées. Elle est acceptée par la majorité de la communauté scientifique pour expliquer l'ensemble de l'évolution de la vie. Cette évolution aurait abouti par des sélections successives ; en partant d'une réaction chimique et ensuite d'êtres unicellulaires pour aboutir aux êtres vivants d'aujourd'hui !

Il est indéniable que certaines espèces évoluent, que certaines parfois se transforment et il est logique que la sélection naturelle participe à ces changements. L'être humain lui-même, n'est peut-être plus aujourd'hui, tout à fait ce qu'il était à l'époque préhistorique.

Pour autant cette théorie est-elle suffisante, pour expliquer l'apparition de la vie, la variété infinie des espèces dans la flore, dans la faune et l'avènement d'une espèce particulière, capable de s'interroger sur elle-même, capable d'exprimer une dimension spirituelle ?

Là comme ailleurs, un peu de bon sens nous oblige à nous poser des questions.

Comme nous l'avons dit, si l'être humain a évolué, ces changements, même par rapport aux plus anciens squelettes retrouvés, paraissent quand même minimes et nous n'avons jamais trouvé d'organisme en évolution entre deux espèces !

Nous en avons déjà parlé dans d'autres articles ; cette théorie n'explique pas comment est apparu le premier œil dans un monde ou la vue n'existait pas. Il n'y a pu y avoir de sélection du plus adapté, puisque aucun animal ne voyait et la notion même de voir n'existait pas. Comment la première oreille dans un monde qui n'entendait pas, le premier nez, le premier estomac… Et cet estomac est-il apparu avant l'intestin, le sang est-il apparu avant le cœur et les globules rouge et mille autres éléments ; nous savons bien qu'ils sont tous interdépendants et indispensables en même temps, pour que notre corps puisse fonctionner !

Quelle sélection a pu aboutir à faire notre cerveau, dans un monde où l'intelligence n'existait pas ?

En fait, on peut dire que la théorie de Darwin n'explique pas grand-chose, car il y a énormément de choses qui n'ont pu apparaître par sélection naturelle.

Ce que cette théorie n'explique pas, c'est justement l'intelligence de la vie.

Le hasard n'est pas intelligent et pourtant la vie elle, fait de vrais « miracles » d'ingéniosités pour solutionner des problèmes techniques très complexes. Si on observe simplement une petite libellule, on constate dans son fonctionnement l'utilisation de paramètres techniques très sophistiqués.

Ceux qui savent encore observer la nature, y voient une extraordinaire intelligence, une extraordinaire beauté ; où il faut être aveugle de l'esprit pour ne pas sentir transparaître autre chose.

Si nous observons un iris, la recherche graphique, les formes, les couleurs ; on sent bien une notion d'harmonie et d'élégance qui n'ont pas de nécessité.

Comment la première cellule a-t-elle fait pour se dédoubler ? Il s'agit là, d'un acte majeur, qui n'a pu être le fruit d'une sélection. Qui lui a expliqué comment faire et pourquoi l'a-t-elle fait.

Croire que tout ça n'est que le résultat d'une réaction chimique… et d'une suite de hasards et de sélections ?... c'est tout à fait incohérent !

Comment intégrer l'amour, la beauté, l'intuition, dans ce monde froid et fade que sous-entend cette théorie ?

Mais alors, si elle est si peu crédible, comment se fait-il qu'elle soit majoritairement acceptée par la communauté scientifique ?

Comme je l'ai déjà dit précédemment, la science, longtemps combattue par la religion, s'est développée comme s'il y avait deux camps, celui des croyants et celui des scientifiques. Les religieux avaient expliqué le monde avec les connaissances de leur l'époque, et beaucoup de réponses imaginaires. Très vite, les découvertes scientifiques ont remis en cause (une terre plate, le soleil qui tourne autour, Adam et Eve... etc.) et du coup les religieux ont voulu faire taire ceux qui cherchaient à comprendre et remettaient en cause leurs affirmations.

La science s'est donc construite, à ses risques et périls, avec beaucoup de périls, en opposition aux religions et il en est resté un antagonisme qui persiste encore aujourd'hui.

Cet antagonisme est tel que pour la majorité des scientifiques, il y a un refus de toutes formes de spiritualité.

Dans ce contexte de confrontation, la théorie de l'évolution est certainement apparue aux scientifiques, comme la solution idéale pour se passer d'un « Créateur ». C'est certainement pour cette raison, qu'ils n'ont n'a pas été et ne sont pas encore, trop regardants sur sa cohérence.

La science

Pour celui qui cherche à comprendre la réalité, la science est bien-sûr un des outils indispensables, et il n'est pas question de critiquer la science en soi !

Par contre, c'est l'attitude de certains scientifiques qui est contestable , quand ils en arrivent à être de mauvaise foi et proposent des réponses qui en fait ne relèvent pas d'un véritable esprit scientifique !

Dans certains domaines, les connaissances actuelles peuvent être insuffisantes pour comprendre un phénomène, mais demain ou peut être après-demain, nous pourrons certainement mieux l'appréhender. Il y en a même que peut-être nous ne comprendrons jamais ; mais la question ne doit pas être abordée de cette manière... cherchons et plus nous comprendrons et plus nous pourrons comprendre.

Par contre, si nous n'avons pas d'explication, il est très important de ne pas inventer des réponses qui ne seraient pas avérées. Certains proposent des théories, ce qui peut être intéressant ; mais il ne faut pas que ces théories soient ensuite considérées comme des certitudes, sans argument probant.

C'est le cas, pour la théorie de Darwin, pour l'apparition de la vie, ou comme on l'a proposé pendant longtemps, pour un big bang à partir de rien.

La science et d'une manière générale le raisonnement qui est la base de toute compréhension, doivent être poussés à leurs limites ; mais nous devons prendre conscience que des choses peuvent exister au delà de ce que nous pouvons comprendre et même peut être seulement concevoir. Cela ne veut pas dire que ces domaines ne sont pas accessibles à une démarche scientifique ; mais qu'au delà du « raisonnable », sachant que nous sommes dans un monde subtil, nous devons être très prudents et faire attention à nos propres conditionnements, pour ne pas être influencés à notre insu.

C'est le cas dans le domaine spirituel où beaucoup s'aventurent avec un tas d'idées reçues , sans se rendre compte que leur « rencontre » bien réelle est « habillée » par ce qu'ils ont apporté eux-mêmes.

Nous avons démontré l'existence d'une force, de quelque chose à l'origine de l'univers et de la vie ; mais la nature même de cette force, dépasse peut être ce que notre cerveau peut concevoir ? Cette vie tellement extraordinaire et cet univers rempli de milliard d'étoiles dans des milliards de galaxies... et l'infini... notre cerveau est déjà devant ses limites.

Cela ne veut pas dire qu'il n'y ait rien, car nous avons vu qu'il y a obligatoirement quelque chose ; mais cela veut dire que notre niveau de conscience actuelle ne permet pas de définir ce qu'il y a !

La science, qui doit lancer des investigations aussi dans ce domaine, doit aussi être consciente qu'elle ne pourra peut être jamais mettre des mots sur un « incommensurable » qui est pourtant incontestable.

Science et spiritualité

Notre démarche étant basée sur une recherche de meilleure compréhension du réel ; le fait d'être nécessairement en parfait accord avec la science, ne nous demande pas pour autant de nier une dimension spirituelle, si nous en voyons des manifestations.

En science, le boson de Higgs, est une particule tellement petite qu'on ne peut l'observer, mais on sait qu'elle existe parce qu'elle ne peut pas ne pas exister !

Les scientifiques, dont beaucoup sont réfractaires à toute spiritualité, utilisent des affirmations religieuses; pour nier la spiritualité, comme s'il s'agissait de la même chose !

Si une observation objective, nous oblige à admettre qu'il y a nécessairement quelque chose ; ce « quelque chose » n'a certainement aucun rapport avec le personnage décrit dans les livres religieux. Si nous n'avons pas beaucoup d'informations sur le sujet, c'est à cause des scientifiques qui en nient l'existence même et n'ont donc jamais cherché à l'étudier et aussi à cause des religieux qui ont inventé des réponses manifestement imaginaires.

Si nous nous débarrassons de l'imaginaire des uns et du blocages des autres, il semble bien que le spirituel fait partie de la dimension humaine.

Certains pensent que la spiritualité vient de la peur de l'inconnu et surtout de la peur de la mort. Il est vrai que nous voyons parfois des conversions opportunistes quand approche la grande échéance. Même pendant le cours de la vie, la peur ou de grandes souffrances peuvent pousser certains à chercher un réconfort ou un soutien dans une démarche religieuse. Quand ont est en difficulté, il est normal de chercher des solutions et il est indéniable que beaucoup de gens ont supporté certaines épreuves grâce à la religion.

Le fait de ne pas se sentir seul les a aidés et puis derrière leurs croyances imaginaires, il y a peut être quand même une réalité dans la rencontre spirituelle !

Une démarche spirituelle adulte aurait été tout autant une aide et un réconfort, sans pour autant véhiculer les contre-vérités des religions.

Le pire, c'est de remplacer une croyance par une autre croyance et nombreux sont ceux qui le font aujourd'hui ; le fait d'affirmer qu'il n'y a rien est autant une croyance que de croire à des faits dont nous n'avons aucune preuve. Si la spiritualité est une dimension de l'humain ; nous devons réaliser qu'il ne peut y avoir d'évolution réelle sans cette dimension-là ! La science et sa logique, son pragmatisme n'ont aucune vraie raison de nature, d'être en opposition avec le spirituel. Il y a des faits, des éléments qu'elle n'explique pas ou pas encore ; mais elle ne doit pas nier que les effets qu'elle constate ont bien des causes.

Physique quantique

Aujourd'hui la physique quantique est à la mode et il nous a donc semblé utile de préciser ce dont il s'agit. Le sujet étant vraiment scientifique, nous avons demandé des explications à un scientifique qui est vraiment compétent dans ce domaine. Jean Hladik est en effet professeur de physique ; il a écrit plusieurs ouvrages sur le sujet et il sait donc de quoi il parle.

Les dérives de la physique quantique (par Jean Hladik.)

La physique quantique est l'étude des plus petits constituants de la matière et de l'énergie. En ce qui concerne la matière, les physiciens ont réussi à montrer qu'elle est formée de particules très petites : les atomes eux-mêmes constitués d'autres particules, dites élémentaires, encore plus petites, les électrons et les quarks. Quant à l'énergie, elle est constituée d'un ensemble de très petites quantités fondamentales, la lumière, par exemple, est une énergie formée par des quantités élémentaires appelées des photons.

Chaque description des minuscules particules qui constituent la matière et l'énergie a été faite à partir de la mise en évidence de ces particules au cours d'expériences de laboratoire. En physique quantique, ce sont des milliers d'expériences et de mesures qui ont permis d'affirmer l'existence et les propriétés des particules élémentaires qui, étant donnée leur petitesse, ne peuvent pas être vues directement par notre œil.

La découverte de ces particules, au cours du 20e siècle, nous a contraint à admettre des phénomènes qui semblent totalement contraires à notre intuition. Par exemple, une matière dure et massive comme un morceau de métal est formée pour la plus grande partie de vide entre les particules qui forment sa masse. Toutes les sciences ont d'ailleurs mis en évidence des réalités cachées à notre intuition. Dire que la Terre est ronde et, en plus, tourne sur elle-même, échappe totalement à notre intuition première et à nos sens.

Mais ce n'est pas parce qu'une science découvre des propriétés étranges échappant à notre intuition qu'on peut lui faire dire n'importe quoi. Or la physique quantique, par suite de ses découvertes extraordinaires et souvent en contradiction avec nos intuitions courantes, a été utilisée par des personnes à l'imagination fertile pour inventer d'autres propriétés qui ne sont prouvées par aucune expérience.

C'est le cas, par exemple, de l'affirmation selon laquelle une même chose peut être à deux endroits à la fois. Cette affirmation gratuite vient sans doute de l'interprétation d'une expérience assez récente concernant ce qu'on appelle en physique quantique les *états corrélés*. En laboratoire, on peut produire deux photons qui sont issus d'un même atome et qui ont les mêmes caractéristiques. Ce sont, en utilisant un langage imagé, des « jumeaux ». Si l'on envoie un photon dans une certaine direction et l'autre dans une direction opposée, on s'aperçoit que des « informations » semblent possibles entre les deux photons corrélés, même lorsqu'ils se sont éloignés de quelques kilomètres. L'interprétation de ces expériences laisse perplexes les scientifiques. Pour l'instant, on ne peut pas en déduire quoi que ce soit. Ce n'est pas pour cela que ces deux photons sont les mêmes à deux endroits différents. Rappelons d'ailleurs que des photons ne sont rien d'autres que de petites quantités d'énergie qui n'ont pas de masse.

Ces quantités impalpables d'énergie ont une certaine existence. Il suffit, par exemple, de recevoir des photons issus de la lumière solaire sur une surface noire pour s'apercevoir que celle-ci devient chaude. Même si nous ne pouvons pas toucher un photon ni avoir une idée de sa forme, le simple fait de son existence résulte d'un effet d'augmentation de chaleur d'un objet par lequel il est absorbé. Que nous soyons là ou non pour mesurer cette variation de température de l'objet qui s'échauffe ne met pas en cause l'existence d'une entité que notre intuition ne peut pas connaître. D'innombrables expériences de laboratoire se font par l'intermédiaire d'appareils enregistreurs. L'observateur n'a pas besoin d'être là pour observer la réalité d'un phénomène. L'enregistrement d'une température se fait automatiquement et le scientifique peut utiliser ces données pour faire une corrélation, par exemple, entre la quantité d'énergie envoyée par un projecteur et la variation de température d'un objet situé à quelques mètres et illuminé par le projecteur. Cette réalité mesurée est totalement indépendante de la présence ou non de l'observateur.

Si vous voulez avoir des idées précises sur la physique quantique, lisez mon ouvrage *Pour comprendre simplement les origines et l'évolution de la physique quantique*, paru en 2008 aux éditions Ellipses.

La société

Les paramètres qui ont fait ce que la société est aujourd'hui, sont bien sur très nombreux et très divers. Pourtant, dès le départ, les rapports sociaux ont été régis surtout par les rapports de force, comme c'est majoritairement le cas dans le monde animal.

Les plus forts ont établi des règles ; ensuite sont venues les traditions, qui caractérisent un groupe et très vite les phénomènes inexpliqués ont engendré des croyances.

Dans ces sociétés, basées sur le rapport de force, certains, « les sorciers » ont saisi le moyen d'obtenir du pouvoir en apportant des explications à ces phénomènes et en prétendant plus ou moins les dominer. La pensée évoluant et devenant de plus en plus sophistiquée, les religions ont pris le relais de ces réponses, en répondant aussi aux grandes questions existentielles.

Dès le départ le besoin de spiritualité s'est fait sentir et dès le départ il a été récupéré par les puissants pour maîtriser et conforter leur position !

Des « justes » Jésus, Bouddha ou Mahomet et d'autres, sont apparus à différents moments et remettant en cause les coutumes et traditions qui favorisaient les systèmes en place ; ils ont proposé des valeurs basées sur les qualités humaines. Ces grandes figures de la spiritualité ont eu du succès, car ce qu'elles proposaient touchaient à cette dimension humaine que chacun a au fond de lui, même si beaucoup ne le savent pas !

C'était déjà le grand combat entre les valeurs du rapport de force et les valeurs humaines.

Au départ les puissants ont combattu ces valeurs qui allaient en contradiction avec leur pouvoir et puis, voyant qu'il n'en arrivaient pas à bout ; ils ont opté pour la récupération, en transformant à leur profit, ces belles initiatives. Du coup les rois sont devenus de droit divin, les pharaons carrément Dieu sur la terre et même Jésus qui lui même n'a jamais renié son appartenance à la religion juive, est devenu fils de Dieu.

Aujourd'hui encore, l'organisation sociale est très influencée par les rapports de force, et les religions sont toujours une partie du pouvoir !

La majorité des petits prêtres, imams ou moines bouddhistes ; essaient bien de faire du bon travail ; mais leur action s'inscrit à leur insu dans une démarche globale, toujours favorable aux puissants.

Si on observe la situation, de bon droit, chacun peut choisir d'être pessimiste en voyant toutes ces forces négatives de plus en plus puissantes, ou choisir d'être optimiste devant plein de belles initiatives. Si on regarde 50 ans en arrière, on constate une prise de conscience très positive dans certains domaines et dans toute une partie de la société, une peur toujours plus grande devant les changements engendrés par l'évolution.

Pour comprendre le comportement des individus, il faut tenir compte de ce contexte d'ensemble où les riches deviennent toujours plus riches et les pauvres plus pauvres , car cela sous-tend l'ensemble des rapports sociaux !

Il est important de comprendre les forces qui influencent la société et important aussi d'agir pour favoriser une évolution positive, mais en plus, il faut tenir compte des enjeux planétaires qui modifieront les possibilités de solutions et les priorités ! Le changement climatique, la volonté de suprématie Sino-américaine et un capitalisme mondial au bout de sa propre logique; seront de plus en plus des éléments majeurs qu'il faudra prendre en compte, même pour notre vie de tous le jours.

Si on prend un peu de recul ; cette grande confrontation est un combat du bien contre le mal; un combat entre la compréhension du réel et l'imaginaire, entre la conscience et l'obscurantisme, entre la vie et la peur.

Cette situation a un aspect inquiétant, mais elle peut aussi être positive devant l'évidence qu'elle rend incontournable. Nous sommes un élément d'un ensemble vivant, interdépendant et notre façon de vivre ne peut, sans conséquences négatives, aller à l'encontre de cet ensemble !

« Notre intérêt bien compris, est au contraire d'y retrouver notre place. »

Cela ne veut pas dire retourner à la lampe à huile, mais cela veut dire que nos sociétés, notre morale doivent être au service de la vie au lieu d'être au service de l'argent et finalement au service d'un petit nombre.

Les conséquences de cette inconscience ont déjà commencé à créer des problèmes ; mais plus nous tarderons à corriger nos dérives et plus ces conséquences seront sévères !

Même si nos sociétés ont des aspects positifs, nous devons être conscient que même s'ils nous paraissent utiles, voire dans certains cas indispensables, ces aspects ne peuvent aller durablement en opposition avec l'expression de la vie !

Faire évoluer la société c'est la défendre .

En favorisant l'évolution de cette société, nous en sommes donc les défenseurs.

L'évolution est une loi de la vie, la vie n'a fait que cela depuis ses débuts.

Vivre c'est évoluer et toutes choses vivantes se sclérosent si elles arrêtent de le faire. L'énergie vitale tend à exprimer un potentiel et nous montre ainsi que l'évolution est une loi naturelle de la vie.

En l'empêchant, on crée un point de compression, ce qui occasionne à court terme une souffrance et à long terme une maladie !

Nous sommes des êtres vivants et nous ne pouvons durablement nous soustraire aux lois de la vie.

Vers une société harmonieuse

Une société harmonieuse est possible, elle n'est pas une utopie, si chacun comprend que le but de la vie, c'est l'**épanouissement du vivant.**

Cet épanouissement est l'intérêt de tous, car c'est lui qui supprime l'agressivité, c'est lui qui donne ce comportement juste et équilibré et qui permet des rencontres plus enrichissantes. Aucune autre société ne pourra être harmonieuse si elle ne respecte pas les forces de la vie qui tendent à s'exprimer.

Une société en crise

Dans le pays et au niveau mondial, les problèmes s'accumulent. Il y a des guerres, des crises financières, des responsables politiques sans scrupules, des mafias de toutes sortes, plus tout le reste.

Pourtant, Il ne sert à rien de gesticuler pour se donner bonne conscience, si ce que l'on fait est inadapté ou si cela produit un effet contraire à celui escompté. C'est malheureusement le cas de beaucoup de personnes qui croient avoir une bonne attitude et qui, en fait, sans le savoir, participent à la grande illusion de la société actuelle et donc à ses dérives.

Il y a des situations inacceptables à nos yeux et il est

logique de réagir immédiatement, mais si nous ne cherchons pas à comprendre les raisons de fond qui occasionnent ces situations, nous ne trouverons pas de vraies solutions. Nous devons admettre que les difficultés qui se présentent sont occasionnées par tout un système, une façon de vivre, des valeurs. Elles ne sont pas là par hasard, ou à cause des « méchants ».

Les problèmes que nous rencontrons, y compris les crises et les abus qui les déclenchent, sont les fruits logiques d'une façon de vivre. Mais cette façon de vivre est elle-même le fruit d'une façon de penser.

Si nous n'avons pas le courage d'analyser les raisons de fond et si nous préférons nous rassurer avec des théories invérifiables, avec de vieilles croyances, ou avec la dernière breloque plus ou moins magique, alors nous participons à ce système qui engendre la situation actuelle.

Si nous sommes dans le camp de ceux qui ne savent que dire non et qui refusent de faire le travail de déconditionnement qui permet d'y voir plus clair, alors, même si c'est involontaire, nous participons aussi au système.

Si nous n'enlevons pas ces conditionnements qui nous imprègnent à notre insu et qui faussent notre réflexion ; ce que nous ferons sera inefficace et même parfois produira le contraire de ce que nous souhaitons.

Si nous ne faisons rien, il est évident que ce système va aboutir dans le futur à des crises de plus en plus graves, mais n'oublions pas qu'il y a dès maintenant un milliard de gens qui ne mangent pas à leur faim alors que l'on pourrait produire pour tout le monde.

Bien sûr, il est plus facile :

- de suivre la façon de penser de ceux qui nous entourent,
- de dire non à ce qui ne va pas, sans réaliser que parfois nous participons à ce qui l'occasionne,
- de faire quelques prières et de s'en remettre à Dieu pour les solutions.

Il est plus facile de mettre la tête dans le sable que de regarder la réalité en face mais ça ne marche pas. La réalité est là, que nous le voulions ou non, et les habits que nous mettons sur notre égoïsme, aussi beaux soient-ils, ne font que nous couper un peu plus de notre rencontre avec la vie.

Se sentir en accord avec la vie et construire un monde qui le soit réellement ; c'est la seule réponse qui n'engendrera pas de nouveaux problèmes.

Pour cela, nous devons avoir le courage de regarder la réalité et le courage de comprendre nos propres difficultés :

- comprendre le fonctionnement de la vie et prendre conscience de ce qui est réellement important.
- sortir des conditionnements qui nous poussent vers l'avoir et le paraître,
- développer notre discernement pour abandonner les illusions et seulement ainsi devenir adultes et libres.

C'est seulement ainsi que nous pouvons faire de notre existence une rencontre, non plus au détriment des autres et de nous-mêmes, mais en amour avec eux et avec la grande énergie !

Les crises ne sont pas volontaires, pourtant elles ne sont pas là par hasard. Elles ne sont pas la faute du « Diable » ou de quelques méchants conspirateurs. Par inconscience ou par naïveté, nous avons peut-être participé à ce qu'elles arrivent. Aujourd'hui, Il ne s'agit pas de culpabiliser, mais d'en profiter pour vraiment se réveiller.

La politique

Nous voyons parfois des gens nous dire : « Moi, je ne fais pas de politique », comme si la politique était quelque chose de sale dans laquelle ils ne veulent pas se compromettre.

Il est vrai qu'il y a beaucoup à redire sur les motivations de certains, mais ne pas vouloir faire de politique, c'est quand même une manière d'en faire. On ne peut y échapper.

Accepter certaines règles sociales, c'est déjà faire de la politique et n'en souhaiter aucune, c'est une autre manière d'en faire.

Même voter blanc ou ne pas voter du tout, c'est encore un acte très politique.

Nous devons être de plus en plus acteurs de notre vie,

soutenir politiquement les meilleurs ou les moins mauvais ou nous engager nous-mêmes.

Nous abordons une période qui sur ce plan sera assez riche (ou au moins fournie, ne soyons pas trop optimistes) et il est peut-être bon de se rafraîchir les idées.

La politique n'est pas en soi une chose sale, c'est l'usage qui en est fait qui est souvent douteux.

Il est indispensable de gérer la société, les rapports humains et les rapports entre les différents groupes d'humains et tout cela est politique !

Si nous étions tous parfaitement épanouis et adultes, cette gestion serait simplifiée mais elle serait quand même nécessaire. De nombreuses décisions, engagent le groupe et doivent donc être prises par lui ou par ses représentants.

De plus, notre niveau d'évolution étant différent et toujours à parfaire, il est indispensable d'établir des règles pour tous.

Alors faisons de la politique, au moins en allant voter et si nous ne trouvons pas le (ou la) meilleure, votons pour le moins mauvais ou la moins mauvaise.

Voter

Parfois nous pouvons être tentés de ne pas voter pour exprimer notre mécontentement. Là encore, il est important de voir la réalité. De toute façon, des décisions seront prises, alors autant que ce soit le moins mauvais qui les prenne.

De plus, il faut le dire, cette démarche est absurde, car elle aboutit au contraire du résultat escompté. En effet, ne pas voter, favorise le plus opposé à mes idées, car proportionnellement je lui permets d'avoir plus de voix, puisque si j'avais voté, j'aurais voté pour un autre.

C'est en nous conduisant d'une manière toujours plus adulte que nous ferons évoluer la société.

La croissance

Certains voient dans la croissance la solution aux difficultés de la société et d'autres, qui en contestent l'efficacité, voudraient revenir « au bon vieux temps ».

Le problème est certainement mal posé.

D'abord, rappelons aux nostalgiques du bon vieux temps, que c'était celui où les femmes allaient en plein hiver laver le linge au lavoir, que c'était aussi le temps où les hommes mouraient à 40 ou 50 ans épuisés par le travail…

La vie moderne sur certains plans a beaucoup apporté, il faut le reconnaître, mais d'autres aspects nous gâchent ces avantages et justifieraient presque ce souhait de retour en arrière.

Le premier problème c'est que dans la vie, il n'y a pas de marche arrière. Nous ne pouvons pas faire comme si nous ne savions pas ce que nous savons et puis sommes-nous réellement prêts à abandonner les outils modernes qui sont si pratiques ?

Alors ne reste-t-il que la croissance ? Le problème avec elle, c'est qu'elle apporte des difficultés, qu'elle ne sait pas résoudre, comme la pollution et toutes les atteintes graves à l'écologie. Et puis, si elle apporte matériellement un peu à ceux qui ont peu, elle sert surtout à apporter beaucoup à ceux qui ont déjà tellement.

Alors, il n'y a pas de solution ? Le problème, comme nous l'avons dit, est mal posé.

Le but de notre vie ne doit pas être d'avoir toujours plus, mais « d'être mieux ».

Le moteur de l'évolution, de la nôtre comme de celle de la société, doit devenir le mieux-être.

Pour cela, dans le rapport « qualité prix », ne regardons pas seulement le prix financier, mais aussi le prix en pollution, en stress, au niveau de la santé, en relationnel, car nous l'avons dit, le but c'est la qualité de la vie et tout est interdépendant !

Intégrons cette « qualité de la vie » comme priorité dans notre propre vie, essayons de le faire comprendre à d'autres, autour de nous, et surtout agissons avec « les amis de la vie » pour qu'ensemble nous ayons plus de poids pour en faire le but de la société.

Alors, la croissance ? Pourquoi pas, si nous n'utilisons pas des moyens qui apportent plus d'inconvénients que d'avantages. Mais il est absurde et grave de la poursuivre à tout prix si c'est au détriment de la qualité de notre vie et de celle de nos enfants.

L'humanitaire

Là aussi il y a parfois des choses qui ne sont pas claires, mais dans l'ensemble il y a surtout beaucoup de gens qui font un travail indispensable, face à des situations totalement intolérables.

Alors à notre niveau, donnons, peut être cinq ou dix euros, mais donnons. (Le bon système, c'est un petit prélèvement mensuel, peut-être 5 euros, mais automatique).

Le fait d'être solidaire avec ceux qui ont de si grandes difficultés, souvent simplement pour survivre; cela est bien sur important pour eux, c'est psychologiquement important aussi pour nous, mais pourtant cela ne doit pas faire oublier les raisons de ces difficultés.

Ces raisons, sont tellement terribles et culpabilisantes, que nous avons du mal à les admettre. L'Afrique, par exemple, n'est pas un continent pauvre, elle a beaucoup de richesses. Dans la majorité des cas, ce sont les sociétés européennes, américaines, russes et maintenant chinoises qui exploitent ces richesses, en collaboration avec les élites locales, ne laissant sur place que quelques miettes à des ouvriers mal payés.

Aujourd'hui, l'exploitation de l'Afrique est encore pire

qu'à l'époque coloniale et les conséquences sociales et sanitaires sont réellement désastreuses au niveau de tout un continent.

Mais que pouvons-nous faire ?

Ce n'est pas facile ; nous nous sentons désarmés devant cette « montagne ». Pourtant, nous pouvons faire quelque chose.

Comme nous l'avons dit, donnons pour les organisme humanitaire suivant nos possibilités, mais participons aussi à faire ouvrir les yeux, car c'est un changement dans notre état d'esprit qui changera nos relations avec les autres.

Sur cette terre, il y a assez pour tout le monde ; alors quand nous aurons compris que « l'être » passe avant « l'avoir », nos relations avec les autres pays changerons de nature !

Aujourd'hui nous sommes dans un monde de prédateurs, les gros mangent les petits et cela est devenu tellement habituel que cela nous paraît normal ; mais nous devons prendre conscience qu'au niveau humain c'est profondément immoral.

La paix

Beaucoup de gens sont pour la paix, certainement la grande majorité et pourtant nous voyons des guerres partout. Cela ne paraît pas logique.

Les religieux font des prières, mais nous ne voyons pas beaucoup de changements. Il y a les «journées pour la paix», l'ambiance est sympathique, ce sont de belles rencontres ; mais cela ne paraît pas plus efficace ! Bien sûr, nous préférons ces manifestations plutôt que celles des extrémistes de tout bord ; mais en Irak, en Afghanistan ou en Palestine, les gens qui souffrent n'en voient pas l'influence.

Alors comment faire ? Quoi faire ? Et pourquoi y a-t-il des guerres ?

Il y a des guerres parce que nous sommes dans le monde des rapports de force.

Il y a des guerres parce que des gens sans morale, privilégient le pouvoir et l'argent.

Les droit de l'homme, le droit international et beaucoup d'ONG font un travail indispensable ; mais les choses changeront réellement quand chacun privilégiera son épanouissement, ce qui lui permettra de devenir réellement adulte et de sortir de la frustration.

Notre société se partage entre les gentils frustrés et les méchants frustrés, mais cela ne permet pas de faire une société en évolution et les guerres continueront tant qu'on ne le comprendra pas !

Bien sûr, et en attendant l'*évolution; le* plus efficace et le plus logique, serait de redonner le maximum de pouvoir à l'ONU et que ce soit l'ONU qui garantisse les frontières des états.

Dans ces conditions, certains états, protégés par l'ONU, pourraient ne plus avoir d'armée.

Quelle économie quand on sait que dans certains pays le budget de l'armée représente parfois la moitié du budget de l'état, alors que la population n'a pas assez à manger. Les états puissants devraient mettre leur armée au service de l'ONU et ne devraient pas intervenir seuls ou directement.

Alors apparaîtrait « un monde de droits », à la place de ce monde de cow-boys ou parfois de bandits.

Cela aurait une influence énorme sur des milliards de personnes et même sur ce terrorisme que beaucoup ne comprennent pas et qui fait si peur.

Comme dans tous les domaines, ce sujet doit être étudié de deux façons, l'une tournée vers l'extérieur, avec l'action politique, et l'autre vers nous-mêmes pour que cette paix nous la fassions déjà en nous même.

La paix en nous-mêmes

Nous avons parlé de la nécessité d'une autorité internationale, pour établir un monde de droits, à la place de ce monde de cow-boys, qui occasionne tant de malheurs.

C'est une dimension indispensable pour tendre vers un monde plus pacifique. Mais une autre dimension est tout aussi indispensable : c'est de commencer par faire la paix en nous-mêmes...

Comment espérer un monde de paix, si nous sommes nous-mêmes agressifs ? Si la violence est en nous ?

La violence vient toujours d'un empêchement dans l'expression de l'énergie vitale.

S'il y a de la violence en nous, c'est qu'il y a des freins à l'énergie de la vie. Cette énergie ne peut s'exprimer qu'à travers notre potentiel spécifique, et si nous n'avons pas comme premier but d'être nous-mêmes, si nous voulons être importants, si nous voulons ressembler ou imiter, si nous voulons devenir au lieu d'être, alors les freins se mettent en place et la souffrance apparaît. Si nous voulons domestiquer la vie, la conformer à une idée au lieu de favoriser son épanouissement, alors la souffrance apparaît car cette attitude est une violence par rapport à nous-mêmes.

Pour être en paix, soyons des « Amis de la vie » et engageons-nous sur la route de la conscience, du déconditionnement, pour progressivement, pouvoir être de plus en plus nous-mêmes et acteurs de la vie !

Le nouveau monde

Le nouveau monde, ce n'est pas la conquête de l'ouest, c'est un monde adulte qui doit apparaître au milieu de l'autre pour le remplacer progressivement…

Nous devons y participer, sans révolution.

Devant tout ce qui ne va pas, certains sont tentés de

faire la révolution, mais la révolution est une réaction qui engendre automatiquement une autre réaction.

La bonne route c'est « l'évolution » en commençant par notre propre évolution et en participant suivant nos moyens respectifs, à l'évolution du monde qui nous entoure.

Comment faire ?

En devenant de plus en plus « acteur » de notre vie. En développant un esprit libre et adulte.

En essayant d'épanouir notre potentiel.

En cherchant progressivement à nous déconditionner, pour bien comprendre ce qui est important dans cette vie.

En chassant ce « paraître » qui est notre ennemi, pour laisser la place à l'« être ».

En aidant chacun à comprendre son véritable intérêt.

Socialement :

- En privilégiant une éducation basée sur l'épanouissement de chacun.
- En favorisant des initiatives commerciales ou industrielles qui soient en accord avec la vie.
- En achetant le plus possible dans les circuits courts.
- En votant quand c'est possible pour des gens à la fois humanistes et réalistes.

Dans une société où chacun pourra s'épanouir, l'intérêt individuel coïncidera avec l'intérêt général.

Mais comment faire tout ça ?

L'important c'est d'être sur le chemin. D'avancer vers ce but, à notre rythme et de se regrouper pour créer une interaction dynamique qui influencera ceux qui sont moins conscients !

« Plus nous évoluons, plus nous pourrons évoluer, plus la vie deviendra passionnante et le nouveau monde apparaîtra sans heurt, comme une fleur qui pourra enfin s'épanouir. »

L'éducation

Ce sujet est présent dans beaucoup de ceux que nous avons déjà traité.

Pour rappel, il est bien sur nécessaire de s'orienter vers une éducation épanouissante, basé plus sur la compréhension que sur la mémoire; une éducation qui respecte le rythme de l'enfant, ses facilités et ses difficultés sans les comparer les uns aux autres ; une éducation qui se base sur la réalité et qui donc accepte des points interrogations quand elle n'a pas de réponse.

L'éducation doit être la première préoccupation de la société, pour les enfants, mais aussi pour les adultes que l'on doit aider à développer leur discernement et à sortir des conditionnements.

Pour les enfants, il y a les écoles Steiner, Montessori et d'autres qui sont déjà largement dans cet esprit; pour les parents il pourrait y avoir la télévision ou des réunions d'échanges.

Les règles

L'être humain a-t-il besoin de règles, d'autorité ?

Par nature, la règle est une atteinte à la liberté, on ne peut plus faire ce que l'on veut.

Chez l'enfant il en est de même et pourtant nous savons bien qu'il lui en faut un minimum.

Tout de suite, nous sentons la nuance… des règles, oui, mais juste ce qu'il faut.

Comme en toutes choses, il y a le bon dosage à faire et à adapter suivant l'enfant, suivant sa maturité et les circonstances de la vie. Lui faire comprendre le sens et l'utilité des règles, des limites, du respect, du partage. Et n'en mettre que ce qui est nécessaire !

La réussite de l'éducation c'est que l'enfant ait le moins possible besoin de règles.

Plus il deviendra adulte, réellement adulte et moins il en aura besoin. Tout le problème est là.

Il en est de même pour les parents ; plus ils deviennent de vrais adultes et moins la règle est nécessaire. Dans la plupart des cas, la réponse est naturellement appropriée, parce qu'elle découle du simple bon sens, qu'elle n'est pas perturbée par d'autres pulsions et qu'elle est prise avec conscience.

Bien sûr, dans la vie sociale, il faut bien certaines conventions ; par exemple, nous roulons à droite et pas à gauche, mais il ne s'agit pas vraiment de règles, de limites ou d'interdits… il faut bien convenir d'un côté.

Quand je traverse un village en voiture, si je suis un vrai adulte, je n'ai pas besoin qu'on m'oblige à ralentir. Si je suis un vrai adulte, je respecte les autres, je cherche à comprendre le monde qui m'entoure. Je n'attends pas que ce soit le « Père Noël » qui solutionne les problèmes et j'essaie de mener ma vie avec bon sens et dans ce cas j'ai très peu besoin de règles.

Malheureusement, beaucoup de gens de plus de 18 ans ne sont pas adultes et nous-mêmes, parfois, il y a des domaines où nous avons du mal à l'être vraiment.

Alors des règles, oui, mais juste ce qu'il faut et surtout formons nos enfants, chez nous ou à l'école pour qu'ils deviennent vraiment adultes et regardons objectivement s'il n'y a pas des domaines où nous sommes nous-mêmes un peu infantiles. (Ce qui est grave, ce n'est pas de l'être, mais de ne pas voir que nous le sommes).

Le problème principal de notre société, c'est justement que tout est fait pour formater, pour encadrer, conditionner et pas assez pour apprendre à réfléchir, à remettre en question, à penser par soi-même et cela fait, finalement, des êtres qui ont du mal à devenir adultes.

La règle aussi, doit être vivante et comme telle, elle doit être capable d'évoluer ou d'être supprimée quand elle n'est plus nécessaire !

On peut dire que la nécessité de la règle est un aveu d'échec, car chez un être évolué elle devient inutile !

La délinquance

Nous voulons permettre à chacun d'exprimer ce qu'il est le plus librement possible... Oui... mais... les criminels, les pédophiles, les violeurs... etc.

Aujourd'hui, les choses sont ce qu'elles sont et il est donc indispensable que la société lutte contre et empêche d'agir ceux qui font de tels actes.

Toutefois, la société si elle veut être juste, et il est important qu'elle le soit dans tous les cas, doit impérativement comprendre pourquoi certains en arrivent là. C'est une question de justice, mais aussi d'efficacité ; pour éviter que les mêmes problèmes se reproduisent indéfiniment !

Par exemple, on entend souvent parler de prêtres pédophiles. Bien sûr c'est d'abord grave pour les enfants qui en sont victimes, mais le fait que ces actes soient commis par des gens qui au départ voulaient consacrer leur vie à faire de bonnes choses, cela doit nous interroger.

Sans excuser leurs actes, on est obligé de reconnaître que leur déviation, vient d'une négation de l'énergie sexuelle qui est en eux, comme elle est en chacun de nous.

Agir efficacement contre la pédophilie, c'est agir en amont et ne pas mettre des gens dans une situation contre nature.

Chacun, à la naissance est fait pour rencontrer la vie, ce n'est pas un choix.

L'énergie sexuelle est très forte, c'est elle qui garantit la continuation de la vie, la rencontre avec l'autre de manière intense et on ne peut nier cette partie de nous-mêmes sans conséquence.

La réponse à la violence, quelle qu'elle soit, c'est l'expression de la vie. Personne n'est fait pour être pédophile, violeur ou criminel, il y a toujours une raison et si nous voulons être efficace, nous devons la comprendre. Les vrais responsables sont ceux qui créent les situations et ceux que l'on voit se conduire mal, ne sont souvent que des victimes !

La société doit quand même les punir et les empêcher de nuire ; mais en étant consciente qu'ils sont aussi des victimes. Elle doit tout faire pour les réinsérer correctement, comprendre pourquoi ils en sont arrivés là ; mais elle doit aussi lutter contre ceux qui créent les mauvaises situations !

Seule une vraie prise en compte des réalités humaines permettra d'apporter une réponse efficace à ces problèmes.

Rechercher un mieux-être ; vouloir être plus heureux est quelque chose de naturel ; cela participe à notre évolution, s'il s'agit bien d'un mieux « être » et non pas d'un « paraître » ou d'un « avoir » toujours plus. Parfois une thérapie est nécessaire pour enlever certains blocages.

Ce livre par le travail progressif et continu qu'il nous incite à faire sur nous, est en soi, une psychothérapie. Bien sûr, il ne prétend pas remplacer la rencontre avec un véritable psychothérapeute, mais au contraire il souhaite augmenter l'efficacité de ce dernier, par la création d'un contexte favorable.

Par contre, un psychothérapeute, ne pourra pas être réellement efficace, s'il ne s'appuie pas sur le vrai fonctionnement de la vie et malheureusement c'est souvent le cas !

Le bonheur

C'est un sujet dont nous n'avons pas encore parlé ; à croire que c'est un sujet de second plan ou peut-être que nous n'y croyons pas assez ?

Il faut dire qu'avec les malheurs que nous voyons partout dans le monde, parler de bonheur est presque indécent.

Est-ce que je peux être heureux dans mon petit coin, quand autant de choses terribles se passent en Ukraine, Afghanistan, en Syrie, en Palestine, dans beaucoup de pays Africains et même parfois au bout de ma rue ?

Pour être heureux, il faudrait beaucoup d'inconscience... et encore ?

Malgré moi, dans mon inconscient justement, je sens que je pourrais être celui qui souffre, lui c'est un être vivant comme moi et je suis peut-être plus lié à lui que je ne le pense.

Et puis, cette souffrance n'envoie-t-elle pas des ondes négatives à travers le monde ?

Bien sûr, ce n'est pas très rationnel et rien ne prouve qu'il en soit ainsi... Mais de toute façon, dans un tel contexte, le cœur n'y est pas.

Alors dois-je me résoudre à être toujours malheureux ?

Justement non. Il y a là encore, quelque chose de très important à comprendre.

Si nous cherchons seulement en surface les raisons des conflits, nous trouvons des différences religieuses ou philosophiques, mais il ne faut pas creuser beaucoup pour voir qu'il s'agit en fait, de conflits d'intérêts financiers ou personnels. Derrière ces conflits d'intérêts, il y a des hommes qui veulent toujours plus de pouvoir, toujours plus d'argent, toujours plus d'importance.

Dans l'inconscient, ces hommes cherchent seulement à être plus heureux, mais consciemment, certains ne savent même plus qu'ils peuvent l'être et les autres pensent le devenir avec des moyens seulement extérieurs, d'avoir et de puissance.

Le bonheur est un état intérieur

Bien sûr, nous devons pouvoir subvenir à nos besoins mais le bonheur est dans l'expression de « l'être », qui s'épanouit en rencontrant la vie.

Nous sommes heureux quand à chaque âge, nous pouvons exprimer notre potentiel du moment ; quand la vie, agissant comme un révélateur photographique, permet à nos aptitudes de se mettre en action.

Mais alors comment faire pour aller dans ce sens ?

D'abord et impérativement nous devons nous déconditionner pour comprendre ce qui est réellement important, les vrais fonctionnements de notre vie, quelle est notre vraie place et vers quoi nous devons tendre.

Les hommes et les femmes (par Clotilde Hladik)

« Les hommes viennent de Mars, les femmes viennent de Vénus » de John Gray, un best-seller, et pourtant je suis étonnée du peu de gens qui connaissent les différences hommes femmes ! Ignorance qui crée beaucoup de qui pro quo et de souffrances relationnelles.

La connaissance est la première marche indispensable pour changer, mais ensuite il faut intégrer et modifier nos comportements ; c'est difficile mais passionnant en même temps !

Un exemple de différence homme femme : La confusion des langages.

On utilise les mêmes mots, mais on ne leur donne pas la même signification. Les femmes expriment des sentiments, les hommes donnent des informations. Pour donner plus de force à leurs sentiments, les femmes utilisent des superlatifs, des métaphores ou des généralisations. Mais les hommes les prennent au premier degré, interprètent mal le sens, ils se sentent blâmés ou critiqués, et alors réagissent souvent mal. Exemple :

« – On ne sort jamais !

– Ce n'est pas vrai, on est sortis la semaine dernière.

– Rien ne marche

– C'est de ma faute, je suppose ! »

La femme, alors qu'elle désire son appui, ne se sent pas

comprise, une dispute peut alors se déclencher... Les deux doivent faire des efforts : La femme en rassurant l'homme qu'elle ne le blâme pas mais qu'elle a besoin d'exprimer ses sentiments. Elle doit faire l'effort de parler plus directement et clairement «Je suis triste et déçue qu'on sorte si peu !» et positivement «J'aimerais que tu m'invites plus souvent !». De l'autre côté l'homme doit faire l'effort d'apprendre à l'écouter, la soutenir émotionnellement, sans se sentir agressé «Je suis désolé de t'avoir fait de la peine» «... oui... je comprends...». Il doit se retenir de donner des solutions rationnelles ou de minimiser le ressenti («Ce n'est pas si grave ! Tu exagères !»). Car la femme a surtout besoin que ses ressentis soient écoutés, reconnus et avalisés pour se sentir aimée ; alors que l'homme a surtout besoin qu'on lui fasse confiance... !!

Un autre exemple dans l'autre sens : L'homme s'attache aux résultats. Il est important pour lui d'atteindre les buts qu'il s'est fixés parce que cela lui permet de prouver sa valeur ; Il doit réussir par lui-même. Donner un conseil à un homme sans qu'il l'ait sollicité, équivaut à supposer qu'il ne sait pas le faire, qu'elle n'a pas confiance en sa capacité de se débrouiller tout seul. Cela le blesse. Il ne demande de l'aide que si c'est nécessaire.

La femme aime donner des conseils, pour toujours améliorer les choses, les perfectionner ; elle doit les réserver aux autres femmes et être prudente envers les hommes ! Les hommes ont besoin de sentir qu'on leur fait confiance.

Bien sûr à ces différences naturelles s'ajoutent les problèmes psychologiques, la reproduction des schémas parentaux et cette mutation que notre société est en train de vivre !

Les schémas traditionnels sont cassés ; il faut inventer, créer, expérimenter... dépasser nos conditionnements et nos peurs ; mais respecter la vie, c'est laisser s'exprimer cette différence !

De nos jours apparaît une tendance chez certaines femmes, à ne plus vouloir d'enfants. C'est surtout le résultat d'une société basée sur des valeurs masculines et il est vrai que dans cette société, le fait d'avoir des enfants est un handicap pour les femmes, dans la réussite professionnelle. Certaines personnes peuvent aussi ressentir la vie en couple comme une limitation à leur liberté.

Bien sûr, les choses reprendront leur bonne place, dans une société qui aura compris qu'il est dans son intérêt de retrouver les valeurs de la vie.

La sexualité

La sexualité est un élément essentiel de la vie, pas seulement parce qu'elle permet la reproduction, même si c'est très important, mais aussi par cette rencontre entre le féminin et le masculin, qui trouvent ainsi leur complément. Comme le yin et le yang, le féminin et le masculin sont deux forces différentes qui ont besoin l'une de l'autre pour s'équilibrer et la sexualité est une rencontre forte entre ces deux forces. Même dans la sexualité entre deux personnes du même sexe, il y en a en général, une qui est plus féminine et l'autre plus masculine.

Certains ont une préoccupation forte pour la sexualité et déjà il est vrai que d'une manière générale, elle a une importance excessive dans nos sociétés. Dans un monde qui crée des gens frustrés d'émotions intenses, frustrés de vraie vie ; la sexualité apporte une intensité qui sort de la monotonie. La sexualité fait partie naturellement de la vie ; elle doit si possible avoir sa place ; mais la comme ailleurs, s'il y a un excès c'est le signe que d'autres parties de l'être ne s'expriment pas assez !

Les religions ont terni l'image de la sexualité et elles ont à ce titre une grave responsabilité, car s'agissant d'un élément naturel en nous ; nous sommes sexués et donc salir la sexualité c'est introduire dans notre inconscient, une image sale de nous-même.

Notre sexualité et ses particularités éventuelles font parie de notre intimité et entre personnes adultes et consentantes « il n'y a pas de mal à se faire du bien ».

Il en est de même pour les adolescents, à condition qu'il n'y ait pas une grande différence d'âge. Il y a aussi et de manière très naturelle, un éveil à la sexualité chez les enfants ; mais là encore entre enfants d'age proche et surtout pas avec des adultes.

Pour résumer, à chaque période de la vie correspond

une sexualité et ce qui est normal entre personnes de maturité proche, peut être très perturbant psychologiquement quand ce n'est pas le cas !

Naturellement, une personne équilibrée, n'a pas d'intérêt pour une relation sexuelle avec un enfant ; elle n'a pas besoin de s'en empêcher ; car elle n'en a aucune envie et elle sait bien que c'est grave pour l'évolution de l'enfant.

L'homosexualité

Dès que l'on touche au domaine sexuel, le jugement sort du rationnel et les arguments, plus ou moins flous, expliquent surtout un ressenti.

Ce ressenti, nous devons en être conscient, est conditionné en grande partie par les valeurs transmises par la société et en amont par les religions.

Indépendamment de ce ressenti, quelle est la réalité ?

Certains ressentent une attirance pour des personnes du même sexe. Ils ne le décident pas, pas plus qu'ils n'ont décidé d'aimer les fraises ou la soupe aux choux... C'est la vie qui a mis cela en eux, au départ.

Parfois, d'autres facteurs interviennent dans l'enfance : mère trop présente et forte avec père absent ou faible, attouchements par des plus grands ou des adultes et plus tard, déceptions ou difficultés avec le sexe opposé ; mais en général, ces influences ne sont pas suffisantes s'il n'y a pas un terrain fertile. La barrière entre les deux sexualités, paraît plus imperméable chez les hommes que chez les femmes qui pour certaines, peuvent se promener plus facilement à la frontière ou la franchir à l'occasion !

De toutes façons, comme nous l'avons dit, tant qu'il n'y a pas de méchanceté ou d'obligation, il n'y a pas de mal à se faire du bien.

Quels que soient les facteurs qui ont pu avoir une influence, on ne voit pas d'une manière rationnelle, quelle culpabilité ou quelle gêne, devraient avoir ceux qui ont une attirance pour une personne du même sexe.

Qu'il y ait, là comme ailleurs des gens pervers, bien sûr ; mais il y en a pas plus, et l'homosexualité, n'est pas en soi un acte pervers.

Précisons qu'il ne s'agit pas de valoriser cette sexualité, comme on l'a fait parfois dans la Grèce antique ; mais simplement d'ouvrir les yeux, de réaliser nos propres conditionnements et de respecter la vie comme elle se manifeste chez chacun.

Mettons-nous à la place de quelqu'un qui ressent les choses comme ça, (rappelons le, sans l'avoir décidé), et qui reçoit de la société, de son voisin peut-être, l'image qu'il est anormal, sale, vicieux. C'est un impact psychologique grave, qui consciemment ou inconsciemment, peut beaucoup perturber.

Certains répondent « oui, mais si tout le monde devient homosexuel, il n'y aura plus d'enfant. » Cette réponse est typiquement irrationnelle, voire absurde, car elle sous-entend, qu'ils pourraient eux-mêmes le devenir, alors qu'ils s'en sentent les adversaires.

La vie est bien faite et dans la grande majorité des cas, elle a prévu une sexualité permettant la reproduction et donc la transmission de la vie. Parfois c'est différent et en soi, il n'y a pas de vraie raison que ce soit un problème ; on ne s'aime pas seulement pour se reproduire.

Faisons confiance à la vie et respectons-la comme elle se manifeste.

Nous devons réaliser à quel point ce respect de la vie est la base pour une évolution positive de la société.

Rappelons que les problèmes ne viennent pas de ce que nous sommes en naissant, mais au contraire parce que, pour différentes raisons, nous n'arrivons pas à être nous-mêmes.

Le violent, le violeur, le pédophile, l'agressif quel qu'il soit, est toujours quelqu'un de frustré par rapport à « sa » vie. Si l'homosexuel peut vivre sa vie et donc sa sexualité à sa manière, il pourra s'épanouir comme les autres et sera une personne aussi équilibrée et agréable qu'un hétérosexuel !

S'il est vrai que dans ces milieux, on sent souvent une plus grande sensibilité; dans un monde évolué, la sensibilité serait plutôt une qualité !

Rencontrons les particularités de chacun comme une richesse de la vie.

Il y a des grands et des petits, des gros et des maigres, des noirs et des blancs, il y a des fleurs de toutes les couleurs, des animaux de toutes sortes, il y a devant nous, autour de nous, en nous, une nature fabuleusement belle et intelligente...

Alors, faisons confiance à la vie !

L'avortement

Ha, voila justement un sujet qui apparaît comme une atteinte à la vie !

Une femme a-t-elle le droit d'interrompre sa grossesse ? Pour un « ami de la vie » est-ce compatible ?

Pour essayer de répondre, nous devons d'abord succinctement repréciser, ce que veut dire « respecter la vie » !.

Respecter la vie, c'est lui permettre de s'exprimer en nous et autour de nous, mais aussi que cette « expression » de la vie, puisse se faire dans des conditions satisfaisantes.

Alors, interrompre une grossesse ?

Là encore, faisons confiance à la vie. Une femme, dans des conditions normales, pendant les années où elle est faite pour en avoir, essaiera toujours de garder son enfant, si elle le peut.

Toutes les femmes du monde, qu'elles soient noires, blanches ou d'une autre couleur, essaieront toujours de le garder si c'est possible.

C'est dans leur être, c'est physiologique, il n'y a pas besoin de leur apprendre... Et si elles ne le font pas, c'est que les conditions ne leur paraissent pas réunies ou qu'elles ont de graves problèmes psychologiques.

Dans le monde d'aujourd'hui où la réussite sociale est devenue si importante, certaines femmes peuvent refuser une grossesse, pour ne pas interrompre ce qu'elles considèrent comme leur évolution ; mais cela reste exceptionnel.

D'une manière générale, c'est au contraire, l'instinct de préservation de la vie, qui peut pousser certaines femmes à interrompre, ce qu'elles ne se sentent pas en mesure d'assumer.

On ne peut pas totalement comparer, mais rappelons-nous que dans la nature, les animaux le font régulièrement, quand les conditions sont trop mauvaises.

Cela ne diminue pas l'importance des moyens de contraceptions, mais là comme ailleurs, essayons d'être responsables, conscients des conséquences de nos actes. Pensons aussi aux enfants, qui ont le droit d'être accueillis dans de bonnes conditions.!

L'évolution

Pour certains, le but de la vie serait d'évoluer, de devenir éventuellement un ou une sage, un maître, en tout cas quelque chose d'important. Et éventuellement au terme de cette évolution, de ne plus avoir besoin de se réincarner, ou d'être mieux considéré au Paradis.

Le but de notre vie, n'est-il pas tout simplement de vivre toujours plus pleinement.

Pour cela, d'assurer d'abord nos besoins vitaux, mais aussi d'essayer à chaque âge d'épanouir notre potentiel, de comprendre nos vrais fonctionnements et ceux du monde qui nous entoure et ainsi pouvoir rencontrer la vie d'une manière toujours plus intense.

Nous devons là aussi, nous déconditionner.

Ne serait-ce pas notre ego qui veut « être évolué », ne serait-ce pas de lui, que vient cette notion de supériorité des êtres évolués par rapport aux autres et qui motive notre démarche ?

Nous devons nous poser la question, « pourquoi voulons-nous être évolués ? »

Le fait d'épanouir notre potentiel, d'être de plus en plus nous-mêmes, cela nous fait évoluer naturellement, mais le but reste de toujours mieux rencontrer la vie et de mieux vivre !

Il est utile d'étudier le voyage de la vie, de comprendre le fonctionnement du véhicule qui nous servira pour l'effectuer, mais le but c'est le voyage lui-même et l'évolution n'est que dans le voyage.

Beaucoup croient être évolués parce qu'ils ont tout lu, qu'ils ont rencontré tel « grand personnage », qu'ils se sont interdit plein de choses agréables et qu'ils ont même parfois été très durs avec leur propre corps. Tout cela est une illusion d'évolution et en fait cela cache seulement un paraître plus subtil.

Le but c'est l'expression de « l'être » qui s'épanouit en rencontrant la vie.

Petit supplément pour ceux qui veulent bien « franchir le pas ».

Chaque être est certainement une étincelle de quelque chose de plus grand. Le clochard autant que le président ou le grand maître et le fait d'être évolué n'apportera à aucun des faveurs particulières quand il rejoindra le « Tout ». Ce jour-là, la notion de leur grandeur ou de leur petitesse les fera sourire.

L'évolution D'après un texte de Graf Durckheim.

Je croyais que c'était un signe d'une certaine maturité, que d'arriver à ce que certaines choses ne vous offensent plus, ne vous touchent plus.

Maintenant, au contraire, je comprends que c'est la façon de se laisser toucher qui représente le signe d'un progrès sur le chemin de la maturation.

Ainsi il m'arrive, si quelque chose me touche profondément, d'abord de ne pas m'enfuir, ensuite de laisser cela travailler, parfois douloureusement.

Je peux paraître masochiste, pour un homme qui n'y comprend rien, mais je m'aperçois que, si je suis capable de rester dans cette douleur et de supporter l'insupportable, il se passe quelque chose d'important en moi-même, comme une force profonde qui l'atténue...

C'est dans la mesure, où nous acceptons les situations difficiles, au lieu de les éviter, que nous avons la chance de passer sur un autre plan.

La bonne route

Quelle est la bonne route ? Y a-t-il « une » route ou avons-nous chacun la nôtre ?

Que nous en soyons conscient ou non, nous avons tous un but dans la vie, celui d'être plus heureux.

Nos actes, même si nous n'en avons pas conscience, sont le plus souvent déterminés par ce désir et bien sûr, la satisfaction de nos besoins élémentaires a la même origine. (Il est plus difficile d'être bien quand nous avons mal dormi ou si nous avons la faim au ventre)... oui... oui... celui qui jeûne peut-être heureux, mais parce que c'est volontaire. Oui... oui... le sage... lui... enfin... à voir ? C'est un autre sujet, mais objectivement, vous, moi... notre sérénité en prendrait un coup si nous devions dormir dehors.

Alors, la route n'est-elle pas tout simplement d'essayer d'être plus heureux ?

Ce n'est pas une démarche égoïste, relisons l'article sur le bonheur. Ce qui nous rend heureux, c'est d'être épanoui et nous savons bien que l'épanouissement de chacun est l'intérêt de tous .

Alors, une seule route ?... La même pour tous ?... OUI : l'épanouissement.

Bien sûr, nous avons tous des points communs, mais aussi tous des différences et donc la manière de s'épanouir aura des points communs et des différences.

Cette démarche va paraître un peu légère à tous ceux qui ont une haute idée de leur niveau d'évolution.

Leur « haute route », ne va pas sans sacrifice, sans maîtrise de leur côté animal, sans maîtrise « du mal » en eux, dont ils sentent les pulsions.

« Nous n'avons pas à maîtriser la vie, nous avons à enlever tout ce qui l'empêche de s'épanouir ».

Ne passons pas sur cette phrase en vitesse...

Sommes-nous d'accord avec cette démarche ?

Si c'est oui, alors regardons dans notre route, si nous ne faisons pas souvent le contraire.

Rappelons-nous que le mal, la souffrance, viennent d'un empêchement de la vie.

La vie est une énergie qui doit s'exprimer à travers le potentiel commun et spécifique de chacun et toute souffrance, morale ou physique vient quand elle ne peut pas le faire.

Le mal « ou le diable » ne sont pas en nous !

En théorie, si depuis notre création, dans le ventre de notre mère ; si la rencontre avec le monde, avec l'autre, si cette rencontre avait toujours été juste et adaptée, nous serions équilibrés, facilement tournés vers les autres et vers la vie.

Bien sûr, c'est utopique, car notre niveau de conscience est ce qu'il est et même, en voulant bien faire, nous ne faisons pas toujours bien. Nos parents aussi ont le plus souvent essayé de bien faire, mais avec leur propres difficultés et les croyances et les conditionnements de l'époque.

C'est utopique, car nous sommes conditionnés (plus ou moins, mais tous) par une société dont les valeurs vont souvent à l'encontre du respect de notre vie et de la vie en général.

C'est utopique, parce qu'il n'y a pas de société parfaite, ni d'éducation parfaite.

Par contre, ce qui n'est pas utopique, ce qui est même le simple bon sens, c'est de tendre vers…

Tendre vers l'épanouissement, tendre vers une vie toujours plus intense, tendre vers la réalisation de notre potentiel, tendre à s'intégrer toujours plus et à notre juste place, dans le mouvement de l'évolution humaine.

La route… oui… elle est là… **« Prendre notre juste place… apporter notre spécificité, dans le grand concert de la vie. »**

Les chaînons manquants !

Il ne s'agit pas de ces êtres qui auraient précédé les homo sapiens et seraient les chaînons manquants entre l'homme et l'animal ; mais de ces incompréhensions qui empêchent une vraie évolution des humains et du coup une évolution de la société.

Il s'agit de choses simples, d'aspects qui paraissent secondaires et pourtant nous devons réaliser à quel point, elles influencent toute notre réflexion et empêchent toute vraie solution !

Le premier point, dont dépendent tous les autres, c'est la volonté de toujours améliorer notre compréhension et pour cela, sortir des conditionnements et des croyances pour observer les choses le plus objectivement possible !

Le deuxième c'est que l'être humain est fait pour vivre et que s'il peut le faire, il est « naturellement » en harmonie avec son milieu.

Le troisième qui découle du précédent, c'est que l'être humain, pas plus que les animaux, n'est méchant de nature ; il est capable de violence si nécessaire, mais « naturellement » il est dans l'amour s'il peut s'épanouir.

Le quatrième, c'est que cette mystérieuse énergie de la vie, va de l'intérieur vers l'extérieur pour tendre à épanouir le potentiel de chacun et ainsi participer à l'évolution du genre humain !

Conseils pratiques
(Pour être un bon « ami de la vie »)

- Essayer de toujours mieux comprendre la vie !
- Sortir des conditionnements pour acquérir une pensée libre !
- Mettre nos actes en accord avec nos pensées !
- Développer un mode de vie qui respecte mieux notre être et nos besoins
- Tendre vers « un esprit sain dans un corps sain ».
- Abandonner toutes les dépendances !
- Privilégier « l'être » et abandonner toutes les formes du paraître !
- Essayer de toujours plus vivre la vie au lieu de seulement la penser !
- Sortir des modèles et des comparaisons pour réaliser l'être unique que nous sommes !
- Progressivement lâcher « les croyances » pour se connecter de plus en plus au réel !
- Accepter le doute plus tôt que des réponses sans preuves !
- S'ouvrir au spirituel sans blocage mais de manière adulte!

Et chacun à notre niveau, participer à l'avènement d'un monde meilleur.

N'attendons pas pour commencer, car le monde continue de se dégrader, au niveau écologique, au niveau politique et au niveau des risques de guerres majeurs !

D'abord il faut créer dès maintenant un « mouvement pour un monde meilleur » qui regroupe toutes les actions positives et montre ainsi qu'il y a une force, un espoir à la place de ce monde aveugle qui va vers le précipice ! Commençons à créer et à vivre ici et maintenant ce monde humain, pour lequel nous sommes fait, tous, même ceux qui ne le savent pas !

Pour cela il faut :

- Créer et gérer le maximum d'activités commerciales, artisanales en coopératives ou dans un cadre amis de la vie (à définir, proportion des salaires, condition de pénibilité etc.)
- Multiplier les associations de gestion des événements, de réflexion sur les actions possibles, sur les pressions à effectuer pour tendre vers une école épanouissante, sur l'éducation de chacun pour comprendre que « l'être » est plus agréable et enrichissant que le paraître, pour faire comprendre qu'il n'y a pas d'évolution possible hors du réel !
- Créer un label « pour un monde meilleur » pour différencier ceux qui font partie de ce nouveau monde.

- Créer un lien entre tous ceux qui en font partie.
- Que chacun amène de nouvelles idées pour créer tout cela ensemble !

Et avoir le courage d'avancer sur la route, en sachant que pour l'instant nous sommes encore dans ce monde, que nous pouvons avoir, les uns ou les autres, des comportements infantiles et que nous avons encore pour l'instant, besoin de policiers et de militaires !

Nous pouvons le faire, nous devons le faire, ce sera un moment historique pour l'humain de prendre son destin en main, d'épouser la vie en y prenant sa juste place !

Ce document est le résultat d'une réflexion vivante, en évolution, pour toujours mieux approfondir la compréhension de la réalité ; il sera complété par d'autres sujets.

Participez à son élaboration en apportant votre propre réflexion, car la compréhension du réel n'appartient à personne et elle est l'intérêt de tous. Vous pouvez contester certaines affirmations ou apporter votre « pierre »... dans les deux cas, participez à cette prise de conscience en envoyant un message à l'adresse mail ci dessous.

Merci d'envoyer vos impressions, vos idées, vos conseils et ainsi participer à l'amélioration de ce document !

Adresser à :
Alain Levavasseur
St Barthélémy
34260 Avène
amisdelavie@orange.fr
Chaîne YouTube : Alain Levavasseur

Pour information :
L'éveil de intelligence de Jiddu Krishnamurti est le livre qui a le plus influencé l'état d'esprit de ce texte.

Répertoire des sujets traités

Un monde meilleur est possible 7
Le vivant est un potentiel de vie 18
Le vivant a en lui des programmes 19
La vie c'est de l'énergie 21
Si l'énergie de la vie est bien employée 24
L'énergie mal employée 29
L'essentiel est dans la construction psychologique 34
Étudier l'être humain de manière globale 36
Chacun est fait pour être lui-même 37
La vie s'exprime dans un contexte 42
Le bonheur c'est de vivre 44
Les raisons des difficultés 47
La qualité de la réflexion 48
L'expression du potentiel 50
Comprendre les excès 51
L'être humain, ni bon, ni méchant 52
La maîtrise 54
Les croyances et les conditionnements 56
Le paraître 57
Les rapports de force 60
L'épanouissement 61
La bonne route 62
L'enseignement 63
La répression 64

La spécialisation	66
L'évolution	67
La conscience	69
La vie a un dessein	71
Ce serait quoi un monde meilleur ?	73
Concrètement que faut-il faire ?	77
Une nouvelle philosophie	80
Un monde meilleur est possible	84
Une grande intelligence	88
L'origine de la vie	102
Il y a-t-il un dessein Divin ?	106
Vivre	109
Être	115
L'insatisfaction	120
La liberté	122
La cohérence	126
La réalité	127
Réalité et relativité	133
Le mental	134
La religion	136
Une nouvelle religion	137
Les illusions	138
Les croyances	140
Le diable	141
La mort	143
La réincarnation	145
La théorie de Darwin	147

La science	150
Science et spiritualité	152
Physique quantique	154
La société	158
Vers une société harmonieuse	162
Une société en crise	162
La politique	165
Voter	166
La croissance	167
L'humanitaire	169
La paix	170
Le nouveau monde	173
L'éducation	175
Les règles	176
La délinquance	178
Le bonheur	180
Les hommes et les femmes	182
La sexualité	184
L'homosexualité	186
L'avortement	189
L'évolution	190
La bonne route	193
Les chaînons manquants	195
Conseils pratiques	197